"标准·认证+"
理论与实践

冀晓东 / 编著

图书在版编目（CIP）数据

"标准·认证+"理论与实践 / 冀晓东编著.
北京：企业管理出版社，2024.11. -- ISBN 978-7
-5164-3141-2

Ⅰ.C931.2

中国国家版本馆 CIP 数据核字第 2024DG2853 号

书　　名：	"标准·认证+"理论与实践
书　　号：	ISBN 978-7-5164-3141-2
作　　者：	冀晓东
责任编辑：	尤　颖　徐金凤　宋可力　黄　爽
出版发行：	企业管理出版社
经　　销：	新华书店
地　　址：	北京市海淀区紫竹院南路17号　　邮　编：100048
网　　址：	http://www.emph.cn　　电子信箱：emph001@163.com
电　　话：	编辑部（010）68701638　　发行部（010）68414644　68417763
印　　刷：	北京联兴盛业印刷股份有限公司
版　　次：	2024年11月第1版
印　　次：	2024年12月第2次印刷
开　　本：	710mm×1000mm　1/16
印　　张：	15.25
字　　数：	234千字
定　　价：	88.00元

版权所有　翻印必究　·　印装有误　负责调换

我之所以提"标准·认证+"，关键在这个"+"，它代表了协同，标准与认证要协同，共同面向市场，标准来自市场需求，通过标准引领创新供给，认证要向市场传递信任，增强品牌影响力，促进消费。当然也不限于这个"+"，它强调的是融合，是拓展，是无限的创新空间。它们共同构成推动企业高质量发展的核心动力，是我们摆脱平庸、解锁当下、创造未来的关键。

"标准·认证+"听上去没有一个词是新的作的，但是多年的工作经验告诉我一个事实，如果你真的能够把标准和认证融入企业经营，高质量发展以及政府的统筹起来是非常不容易的，但是一旦做到，效果就很好。

今年3月份我们召开了"标准·认证+"理论院士专家座谈会，邀请了国内顶级的专家学者，大家一致认可，认为这一理论来自实践，服务于实践，具有理论的创新性以及实用性。

箕晓东

▶ 作者简介 ◀

冀晓东女士，方圆标志认证集团有限公司董事长兼总裁，同时担任多项社会职务，包括中国认证认可协会副会长、"双碳"服务与认证工作委员会主任委员、中国标准化协会理事会副理事长、中国标准化协会检验评价与认证工作委员会主任委员、全国认证认可标准化技术委员会（SAC/TC261）委员、中国合格评定国家认可委员会全委会委员、"浙江制造"认证联盟首任主席（后荣膺终身名誉主席）、民宿服务认证国际联盟首任主席、广东粤港澳大湾区认证促进中心副理事长等。

冀女士长期投身于质量基础设施相关政策的研究与实践创新，首创提出"标准·认证+"理论及"六化三步"模式，实现用信任连接美好未来的CQM方圆品牌愿景与"简单信任、放心选择"的品牌理念。基于此，她带领CQM方圆创新性地构建了"以认证为基础，通过专业可靠的服务，为各行业高质量发展提供一体化解决方案"的业务模式，显著提升了行业价值，引领了行业的发展潮流。

在十余年的企业管理实践中，冀女士不断探索现代化企业管理模式，创新性地提出"连接共创"的管理思想。她倡导用信任连接美好未来，充分发挥每个人的价值，共同打造开放协同共赢的组织平台，共创各行业高质量发展的"六化三步"产业生态。

在冀女士的领导下，CQM方圆成功实现了"两个转型"——从认证机构向技术服务机构转型、从综合性机构向专业化机构转型，取得了显著的社会和经济效益。近年来，她的相关成果在区域/产业经济高质量发展、乡村振兴、联盟品牌认证、高端品质认证、绿色低碳发展、企业创新发展等领域得到了广泛应用，并取得了卓越的成就。

推荐语

在全球化的大背景下，标准与认证不仅是推动产业进步的关键力量，更是一枚硬币不可分割的两面。正如我曾强调的，标准与合格评定就像一个硬币的两面，是促进前沿技术产业化、市场化发展的"两翼"，两者结合能够有效推动科技成果被全球共享。

本书深刻揭示了这一理念，不仅为我们提供了宝贵的洞见和实践指导，更是学术界、产业界和政策制定者的重要参考。它不仅展示了标准与认证对于提升产业竞争力的战略价值，还积极探索了标准认证协同发展的创新机制。

我十分乐意向每一位关心产业发展的同仁推荐阅读此书，共同探索标准与认证协同发展的未来路径，为构建更加公平公正、开放透明的全球技术标准体系贡献智慧和力量。

中国工程院院士、国际电工委员会（IEC）第36届主席、
中国电机工程学会理事长
舒印彪

在全球经济一体化的大潮中，标准与认证已经成为推动高质量发展的核心驱动力。

我国制造业的增加值连续14年位居全球首位，这不仅标志着我国在全球制造业中的重要地位，同时也凸显了我国制造业在全球经济中的影响力。然而，尽管我国制造业取得了显著成就，但在认证领域的发展步伐仍需加快，以匹配并推动产业的快速发展。这种差距提醒我们，必须加强认证工作，提升产品质量，以更好地参与国际竞争。

通过高标准的认证，可以增强消费者对"中国制造"的信任，提升产品的国际竞争力。本书从市场和创新的角度深入探讨了标准与认证如何协同工作，为提升产业竞争力和创新能力提供了宝贵的洞见。我深知高标准对于引领技术进步、促进国际贸易的重要性。因此，我强烈推荐这本书给所有致力于通过标准化实现可持续发展的企业家、政策制定者和研究人员。

此外，本书还深入探讨了我国制造业在新时代面临的挑战与机遇，特别是在技术创新、产业升级、品牌建设等方面，为我国制造业的高质量发展提供了理论支持和实践指导。在当前全球产业链重构的背景下，我国制造业的转型升级显得尤为重要。本书的研究成果，无疑将为我国制造业的转型升级提供有力的智力支持。

国际标准化组织（ISO）第27届主席、中国金属学会理事长

张晓刚

推荐语

中国制造业已经连续 14 年站在世界第一制造大国的位置上。这个第一是产业规模的第一，来之不易。但要真正成为世界制造强国，还需要在质量上狠下功夫，打造一流产品和一流品牌。本书作者凝练多年积累，简明、清晰地展示了企业以高质量发展为主线，以标准和认证为手段，创造世界一流品牌、产品的理论和实践。有志于追求卓越的企业家和企业工作人员将会从阅读本书中取得非同一般的收获。

中国企业联合会、中国企业家协会党委书记　朱宏任

《"标准·认证+"理论与实践》这本书深入浅出地诠释了标准化理论与实践的精髓。作者凭借其深厚的专业知识和敏锐的行业洞察力，向我们展示了标准与认证的核心理念、详细流程及其实践应用，使读者在轻松愉悦的阅读过程中领略标准化工作的严谨性和智慧。它不仅能够帮助读者建立起系统的标准化知识体系，还能够激发创新思维，引导大家在实际工作中应用标准化理念来实现持续改进和卓越追求。

遵义市酒业协会会长、仁怀市酒业协会会长
中国酿酒大师、中国白酒大师、中国白酒首席品酒师、
国家级白酒评酒委员
中国贵州茅台酒厂（集团）有限责任公司原副总经理、总工程师
贵州省酿酒工业协会专家委员会主任
吕云怀

管理理论的发展历程，充分证明了好的理论都来自管理实践，又能够更好地指导实践。"标准·认证+"理论来自CQM方圆冀晓东董事长多年的工作实践，具有很强的理论性、创新性和实用性。本书系统地阐述了标准与认证的协同理论、方法和路径，并通过大量的案例体现了理论在具体应用中产生的价值，对于产业、企业的高质量发展具有极强的指导意义。

中国矿业大学（北京）管理学院原院长　丁日佳

党的二十大报告指出，高质量发展是全面建设社会主义现代化国家的首要任务。在建设社会主义现代化国家过程中，高质量发展始终要摆在突出的位置。在追求高质量发展的征途中，标准认证不仅是质量的守护神，更是创新与发展的引擎。本书的作者基于长期从事质量认证方面的研究和实践，深入挖掘标准认证的核心理念，提出了"标准·认证+"理论。书中系统的理论阐述和丰富的案例，把理论高度和实践深度有机地结合起来，打造了标准认证全新的方法论和实践路径，助力经济和社会生活高质量发展。这是一本值得推荐的有关标准认证的好书！

苏州大学图书馆党委书记、馆长　钱万里

推荐语

有幸提前拜读了冀晓东女士的《"标准·认证+"理论与实践》著作，深切感受到了标准和认证是企业高质量发展的关键利器。

中圣从二十多年前创业开始，就是在CQM方圆的支持下，建立起了完善的标准与质量认证体系。

多年来，CQM方圆帮助我们持续夯实质量认证体系，使我们成长为领跑行业的国家级高新技术企业。我们打造出了中圣的工匠团队，不断进行技术创新，相继获得"南京市市长质量奖""江苏省省长质量提名奖"，彰显了质量管理方面的卓越表现。

中圣的高效换热装备成为国家名牌产品，中圣的高端装备更是通过了欧盟PED认证，达到了严格的德国DIN标准，成功走向世界。

本书总结了CQM方圆在认证行业深耕三十年的丰富经验，创造性地提出"标准·认证+"理论。特别是书中丰富的案例分析将理论与实践结合，让读者直观理解其在企业运营中的作用与价值，对企业如何在全球化的商业环境中高质量发展并取得成功至关重要。

中圣科技（江苏）集团股份有限公司党委书记、董事长　郭宏新

冀晓东女士在分析和总结CQM方圆三十多年认证工作巨大成绩和深厚经验的基础上，结合新发展阶段下的实践创新，提炼出"标准·认证+"理论，对于发挥标准和认证的协同作用，推动我国产品及服务高质量发展具有重要意义。

FSSC中国首席代表　李宇博士

《"标准·认证+"理论及实践》这本书内容实用、理论与实践并重，为标准化工作者、认证专家及相关企业提供了宝贵的借鉴与指导，是行业发展和企业创新不可多得的参考读物。非常感谢CQM方圆分享在这一领域的丰富经验，读后获益匪浅。

欧盟标准驻华项目经理　徐斌

自 序

我进入质量认证行业近20年，有幸管理CQM方圆10余年，这段时间正值中国进入高质量发展的伟大阶段，也是认证行业快速发展、竞争激烈的时期，充满了大机遇与大挑战。在这样的时代背景下，如何带领方圆这样一家拥有30多家分支机构的老牌认证企业实现高质量发展，是我时常深入思考和重点研究的问题。

思考和研究的结果，最重要的就是要体现价值。德鲁克说过，一切成果发生在组织外部。方圆能否取得成功，关键在于方圆能为国家、为产业、为企业、为社会、为消费者贡献价值。

方圆作为全国最早成立的认证机构，如何实现价值创造，途径就是通过不断创新，满足客户的需求。方圆十多年来的发展和壮大如果聚焦一个关键词的话，那就是创新和来自创新产生的价值。张瑞敏在《永恒的活火》里说："我从来不研究竞争对手，我只研究我的客户。"我也是如此，在工作中，我几乎不研究同行，而是专注于客户的需求，通过技术赋能为其创造价值。

我性格里最突出的特点就是不服输、不守旧，在管理方圆的这十多年里，我始终锚定价值，敢于探索，不断突破，成功带领方圆实现了"两个转型"，从一家认证机构转型为技术服务机构，从综合性机构转型为专业化机构，在农食、绿碳、防爆等专业实现了领先，与此同时还在不断发展新的专业领域。

在撰写本书的过程中，我经常回顾起方圆波澜壮阔的30余年发展历程，特别是我亲身参与管理的这10余年辉煌而难忘的历程。在这段岁月中，我深切地感受到了方圆发展中所面临的困难，我也在管理和经营方圆的过程中持续探索解决这些困难的办法，不断把标准与认证的作用协同起来服务客户，实现认证价值，最终提炼总结形成了"标准·认证+"理论。这既是一个不断探索和升华的认识论成果，更是一个不断被实践验证了的方法论成果。我感觉方圆面临的困难也是很多企业共同面临的问题，所以我愿意把这些成果分享出来，满足更多企业家现实的需求。这也是我为什么要写这本书的源起。

十余年来，我与方圆同仁一道，如同滚石上山，历经波澜壮阔的征程，爬坡过坎，我们的初心历久弥坚。我感恩在这一过程中不断给予我力量的各位领导，感谢一直随我前行的全体方圆同仁。如今，总部已全面实现了集团引领，这一切成就的取得，得益于"服务、管理、引领"这一层层递进、相辅相成的理念，得益于"标准·认证+"理论的指导，得益于全体方圆人的同频共振。它使得方圆总部、分支，以及全体方圆人对集团有了思想、行动、结果的三重认同。在收入、利润、资产增值、品牌升级、人才培养等各个方面，我们都取得了令人瞩目的成绩。

我之所以提"标准·认证+"，关键在这个"·"，它代表了协同，标准与认证要协同，共同面向市场，标准来自市场需求，通过标准引领创新供给，认证要向市场传递信任，增强品牌影响力，促进消费。当然也不能忽视"+"，它强调的是融合，是拓展，是无限的创新空间。它们共同构成推动企业高质量发展的核心动力，是我们摆脱平庸、解锁当下、创造未来的关键。

"标准·认证+"听上去没有一个词是新的、难的，但是多年的工作经验告诉我一个事实，如果你真的能够把标准和认证融入企业经营，高质量发展及政府的统筹规划是非常不容易的，但是一旦做到，效果就很好。2024年5月，我们召开了"标准·认证+"理论院士专家座谈会，邀请了国内顶级的专家学者，大家一致认可，认为这一理论来自实践，服务于产业，具有理论的创新性和实用性。

新质生产力特点是"创新"，关键在"质优"，标准引领与创新密不可分，质量构成质优的重要支撑，所以必须充分发挥标准引领和质量支撑的作用，促进形成和发展新质生产力。

标准与创新有着天然的联系，我们讲的标准，内涵是创新和国际化。标准的作用已从最初的保证产品通用性，演变为对科技创新和产业发展的战略引导和系统性支撑。

创新性标准主要是指团队标准，是由市场自主制定的，关注的是创新性和竞争性。国际标准与合格评定互认体系，已覆盖全球经济总量95%以上的经济体，影响着全球80%以上的国际贸易和投资。团体标准是开展高端品质认证的重要依据，其指标一定要高于国标行标，高端品质认证当然不仅仅是合格和安全，而是创新性、特色化、高质量，如特色区域品牌、无抗鸡蛋、富硒、年份酒、母婴友好型汽车等。

认证行业的宗旨是传递信任、服务发展，方圆的使命是鉴证优秀、成就卓越。"简单信任、放心选择、龙头采信"是我在华为的一次战略座谈会上提出的，得到大家的积极响应和认同。现在"简单信任、放心选择"已成为方圆的品牌内涵。

我们每个人都是消费者，我们要专注于享受美好生活，而不是成为各领域的专家去辨别产品的成分。我们的理想是消费者看到方圆的标签就可以放心地选择，实现用信任连接美好未来的方圆品牌愿景。2024年，质量认证六大行动其中之一就是公信力建设行动，要想传递信任，首先要铸造方圆自身的品牌，我们要像保护眼睛一样保护我们的品牌，维护我们的品牌。

最终，我下定决心把"标准·认证＋"理论及相关的案例成果写出来，分享给大家。我希望这些成果能更好地服务政府、服务产业、服务企业、服务消费者，进而实现方圆的愿景和使命：引领中国认证行业，推动社会高质量发展和可持续发展，共创全球美好生活。

冀晓东

2024年10月

前　　言

　　党的十九大报告中指出，我国经济已由高速增长阶段转向高质量发展阶段。2020年，习近平总书记在《关于〈中共中央关于制定国民经济和社会发展第十四个五年规划和二〇三五年远景目标的建议〉的说明》中指出，经济、社会、文化、生态等各领域都要体现高质量发展的要求。而高质量发展，是以经济发展为基础、经济社会各领域的发展，其不只是一个经济要求，而是对经济社会发展方方面面的总要求，贯穿于经济、政治、文化、社会、生态等各领域。因此，坚定不移地走高质量发展之路，是把握经济社会发展趋势及其内在规律的必然之举，对于深入推进中国式现代化具有重大意义。

　　标准与认证在推动高质量发展中发挥了突出作用。标准是经济活动和社会发展的技术支撑，是国家基础性制度的重要方面。标准化在推进国家治理体系和治理能力现代化中发挥着基础性、引领性作用。而标准引领，是一个国家步入高质量发展、参与高质量竞争的重要标志。同时，认证认可是国家质量基础设施（NQI）的重要支柱，也是市场有序运行的基础性制度，它在改善市场供给质量、优化市场营商环境、促进国际贸易便利化，以及提高政府监管效能等方面具有积极的促进作用。标准与认证相互关联、相互协同，共同推动了经济社会的高质量发展。

　　CQM方圆深入贯彻国家高质量发展战略，结合时代需求，凭借30年深耕认证行业的经验，不断总结新时代以来跨越式发展的巨大成就，并进行了深入的产业理论提炼、分析和总结。CQM方圆将传统认证服务进行实践创新，以适应新发展阶段的需求，从而创造性地提出了"标准·认证+"理论。该理论强调标准与认证的协同在推动高质量发展中的关键作用,旨在通过 CQM 方圆自身的标准认证协同实践,结合"+"的连接效应,一体化赋能各行业的高质量发展。

具体来说,本书主要分为两部分内容。第一部分是理论部分,包括第一章至第四章,主要介绍"标准·认证+"理论产生的时代背景、探索过程、基本内涵与理论价值创造机理,以及理论的实际应用过程(即"六化三步"模型)。第二部分是实践案例部分,即第五章,主要从企业、产业、区域及"双碳"目标四个方面,展示"标准·认证+"理论赋能经济社会各领域高质量发展的实践案例。

本书对 CQM 方圆自身、服务企业乃至全行业均具有极为重要的意义。首先,对于 CQM 方圆自身而言,本书是一次理论的创新和经验的总结,它不仅帮助 CQM 方圆凝聚共识,还通过回顾过往的实践,凝练出宝贵的知识和智慧,为未来的战略规划和业务实践提供精准的指导和参考。其次,对于服务企业而言,本书提供了一种全新的视角,帮助服务企业锚定时代趋势和市场需求,精准剖析企业发展中的突出问题,为其量身打造一体化的设计方案和服务路径,实现了服务企业价值转化的全链路创新。最后,对于全行业而言,本书构建了全新的方法论和实践路径,促进产业理论的提升和共享,引领了产业间的融合协同发展,推动全行业的价值共创。

更重要的是,本书体现了 CQM 方圆对经济社会高质量发展所做出的努力和贡献,展现了其在助力行业进步和社会发展中的积极作用,彰显了新时代的"方圆力量"。通过本书的传播和应用,我们期待能够激发更广泛的思考和行动,共同推动经济社会向更有效率、更高质量、更可持续的方向发展。

目 录

第一章　标准、认证与高质量发展

第一节　标准概述 ·· 3
　　一、标准的含义 ·· 3
　　二、标准的发展历程 ··· 3
　　三、二元标准体系 ·· 6

第二节　认证概述 ·· 8
　　一、认证的含义 ·· 8
　　二、认证的发展历程 ··· 8
　　三、五位一体的认证认可监管体系 ·· 11

第三节　标准、认证对高质量发展的推动作用 ······································ 14
　　一、标准对高质量发展的作用 ··· 14
　　二、认证对高质量发展的作用 ··· 16

第二章　标准认证协同引领高质量发展

第一节　标准认证协同的客观需求 ··· 23
　　一、市场需求变动需要标准认证协同 ·· 23
　　二、技术创新需要标准认证协同 ··· 24
　　三、产业转型升级需要标准认证协同 ·· 25
　　四、经济全球化需要标准认证协同 ·· 26

第二节　标准认证协同的探索 ………………………………………… 28
　　一、资质品牌阶段（2013—2016）——打铁还需自身硬 ……… 28
　　二、行业品牌阶段（2016—2019）——握指成拳聚合力 ……… 32
　　三、公众品牌阶段（2019年至今）——守正创新谋发展 ……… 35

第三章　"标准·认证+"理论

第一节　"标准·认证+"理论 …………………………………………… 43
　　一、"·"的内涵 …………………………………………………… 44
　　二、"+"的内涵 …………………………………………………… 45

第二节　"标准·认证+"理论的基本特性 ………………………… 48
　　一、"标准·认证+"理念的协同性 ……………………………… 48
　　二、"标准·认证+"理论的系统性 ……………………………… 49
　　三、"标准·认证+"理论的开放性 ……………………………… 50
　　四、"标准·认证+"理论的科学性 ……………………………… 51
　　五、"标准·认证+"理论的应用性 ……………………………… 52

第三节　"标准·认证+"理论的价值创造机理 …………………… 54
　　一、产品生命周期理论视角下"标准·认证+"理论的
　　　　价值创造机理 …………………………………………………… 54
　　二、第二曲线理论视角下"标准·认证+"理论价值
　　　　创造机理 ………………………………………………………… 59
　　三、价值链理论视角下"标准·认证+"理论价值创造机理 …… 63

第四章　"标准·认证+"理论应用模型

第一节　"六化三步"模型概述 …………………………………………… 71

第二节 "六化"的服务理念 ··· 75
一、标准化——构建先进标准体系，引领创新发展 ················· 75
二、产业化——打通产业跃升通道，形成规模效应 ················· 76
三、品牌化——明确品牌实施路径，提炼核心价值 ················· 78
四、数字化——搭建数智应用平台，加持产业生态 ················· 79
五、绿色化——组建绿色生产体系，助力永续发展 ················· 80
六、国际化——共建国际合作机制，拓展国际市场 ················· 81

第三节 "三步"的工作路径 ··· 83
一、"可证明"：铸就可信任的高端品质 ····························· 83
二、"强感知"：将高品质精准触达消费者 ·························· 84
三、"利获得"：打造相关方价值共赢机制 ·························· 85

第五章 "标准·认证+"实践案例

第一节 助力企业高质量发展 ··· 91
一、高端品质认证 ··· 91
二、管理能力提升 ··· 117
三、社会责任及合规 ··· 152

第二节 助力产业高质量发展 ··· 156

第三节 区域及联盟品牌建设 ··· 180

第四节 服务"双碳"目标实现 ··· 200

第一章

标准、认证与高质量发展

当前，我国社会主要矛盾已经转化为人民日益增长的美好生活需要和不平衡不充分的发展之间的矛盾。经过改革开放几十年的持续发展，人们吃饱穿暖的物质"标配"已基本满足，更加追求高质量生活。所谓"不平衡不充分的发展"其实是发展质量不高的突出表现。要破解这个难题，就必须推动经济发展从量的扩张转向质的提升，从主要解决"有没有"转向解决"好不好"乃至"优不优"。高质量生活与高质量发展紧密相连，且离不开高质量发展的支撑。

高质量发展，是能够很好满足人民日益增长的美好生活需要的发展，是体现新发展理念的发展。它以创新为第一动力、协调为内生特点、绿色为普遍形态、开放为必由之路、共享为根本目的。高质量发展不只是一个经济要求，而是对经济社会发展方方面面的总要求，贯穿于经济、政治、文化、社会、生态等各领域。

标准与认证在推动高质量发展中发挥着突出作用。标准是经济活动和社会发展的技术支撑，是国家基础性制度的重要方面。标准化在推进国家治理体系和治理能力现代化中发挥着基础性、引领性作用。而认证认可是市场有序运行的基础性制度，它在改善市场供给质量、优化市场营商环境、促进国际贸易便利化，以及提高政府监管效能等方面也具有积极的促进作用。标准与认证相互关联、相互促进，共同推动经济社会的高质量发展。

第一节 标准概述

一、标准的含义

标准是为了在一定范围内获得最佳秩序，经协商一致制定并由公认机构批准，共同使用和重复使用的一种规范性文件[①]。

《中华人民共和国标准化法》规定，我国的标准分为国家标准、行业标准、地方标准和团体标准、企业标准。其中，按约束力的强弱，我国标准又可分为强制性标准和推荐性标准。强制性标准是必须执行的标准，而推荐性标准则是国家鼓励采用的标准，但不具有强制性。

具体来说，标准具有以下特点。

（1）权威性。标准是由公认的机构制定和批准的文件，具有权威性。

（2）民主性。标准的制定经过协商一致，充分考虑各方利益。

（3）实用性。标准为各种活动或其结果提供规则、指南或特性，可以共同使用和重复使用。

（4）科学性。标准是基于科学、技术和实践经验的综合成果。

标准在各个领域中起着规范和引导作用，确保产品、过程和服务质量的一致性，为推进国家治理与经济社会高质量发展发挥了重要作用[②]。

二、标准的发展历程

标准是人类文明进步的成果。从春秋战国时期的手工业技术标准文献《考工记》，秦统一中国后的"一法度衡石丈尺，车同轨，书同文"，到清朝

---

① 全国人民代表大会常务委员会. 中华人民共和国标准化法 [EB/OL]. [2017-11-04]. https://flk.npc.gov.cn/detail2.html?MmM5MDlmZGQ2NzhiZjE3OTAxNjc4YmY4NzY0MzBhOTE%3D.

② 中共中央, 国务院. 国家标准化发展纲要 [EB/OL]. [2021-10-10]. https://www.gov.cn/zhengce/2021-10/10/content_5641727.htm.

的活字印刷标准《钦定武英殿聚珍版程式》，都是标准及标准化的生动写照，无不向世人展示了标准化在中华民族悠久历史中的广泛应用。中华人民共和国成立后，中国标准化事业总体上经历了起步探索阶段、开放发展阶段和全面提升阶段。

第一个阶段是"起步探索阶段"。这个阶段是指从中华人民共和国成立到改革开放之前，我国标准化领域的多项第一应运而生。例如，第一项标准《工程制图》、第一个标准化管理制度《工农业产品和工程建设技术标准管理办法》、第一个标准化发展规划《1963—1972年标准化发展十年规划》等。在此期间，全国统一的标准化管理制度初步形成，国家标准、部标准和企业标准的制修订，以及专业性和地区性的标准化经验交流活动已形成一定规模。

第二个阶段是"开放发展阶段"。这个阶段是指从改革开放到党的十八大召开。在此期间，中国标准化走向国际，加大了对国际标准的采用力度，标准化工作也开始纳入法制管理的轨道，并确定了强制性标准与推荐性标准并存的标准体系。例如，1978年，我国恢复国际标准化组织（ISO）成员国身份，重返国际舞台；1979年，国务院颁布了《中华人民共和国标准化管理条例》，确立标准分为国家标准、部标准（专业标准）及企业标准三级；1984年，首次召开全国采用国际标准的工作会议，使国际先进标准的采用成了我国重要的技术经济政策；1988年，《中华人民共和国标准化法》开始施行，将标准分为强制性标准和推荐性标准两类，并同时确立了国家标准、行业标准、地方标准和企业标准四级标准体系；2001年，为了履行入世承诺，强化统一管理，我国成立了专业性的国家标准化管理委员会；2008年和2011年，我国相继成为ISO和IEC（国际电工委员会）的常任理事国。

第三个阶段是"全面提升阶段"。这个阶段是指党的十八大以来，我国进入了新时代中国特色社会主义建设时期。在此期间，党中央、国务院高度重视标准化工作，出台了一系列与标准化相关的改革举措和法律法规。2015年3月，国务院印发《深化标准化工作改革方案》，推动了国家标准体系的改革。同年12月，国务院办公厅发布了《关于印发〈国家标准化体系建设发展规划〉（2016—2020年）的通知》，提出要在2020年前基本建成支撑国家治理体系和治理能力现代化的具有中国特色的标准化体系。2017年，第12届全国人大常委会审议通过了新修订的《中华人民共和国标准化法》，确立了新型标准体系的法律地位，形成了政府主导制定标准与市场自主制定标准的协同发展、协调配套的二元新型标准体系。这些政策性文件和法律法规的出台，进一步完善了我国标准体系的基本范式，明确了这一阶段标准体系的演进目标，规范了标准的制定和实施过程，极大地推动了我国标准体系的全面提升。

总体来看，我国标准体系的发展历程如图1-1所示。

起步探索阶段

1956年发布第一项标准《工程制图》

1963年发布我国第一个标准化发展规划《1963—1972年标准化发展十年规划》

标准化管理制度初步形成，国家标准、部标准和企业标准的制修订和贯彻，以及专业性和地区性的标准化经验交流活动已形成一定规模。

开放发展阶段

1988年，《中华人民共和国标准化法》开始施行

确立了国家标准、行业标准、地方标准、企业标准四级标准体系

全面提升阶段

2015年3月，国务院印发《深化标准化工作改革方案》，强调改革标准体系是重点任务

2017年，新修订的《中华人民共和国标准化法》开始施行

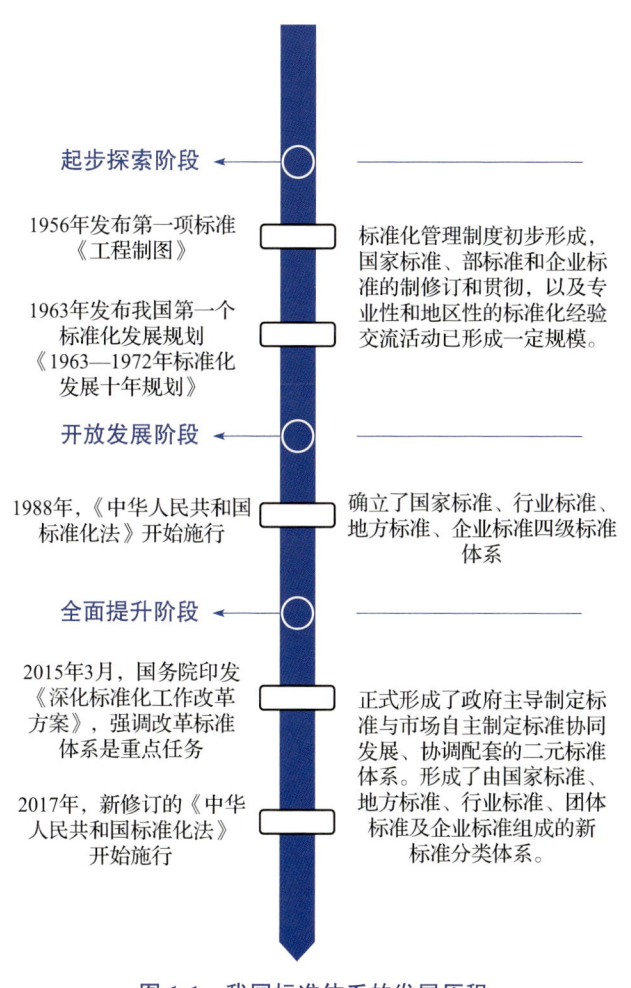

正式形成了政府主导制定标准与市场自主制定标准协同发展、协调配套的二元标准体系。形成了由国家标准、地方标准、行业标准、团体标准及企业标准组成的新标准分类体系。

图1-1 我国标准体系的发展历程

三、二元标准体系

我国的新型标准体系分为政府主导制定和市场自主制定两类，又称为二元标准体系。该体系由五个层级的标准构成，分别是国家标准、行业标准、地方标准、团体标准和企业标准。其中，国家标准、行业标准和地方标准属于政府主导制定的标准，而团体标准和企业标准则属于市场自主制定的标准。我国二元标准体系架构如图 1-2 所示。

图 1-2 我国二元标准体系架构

国家标准是由国家标准化主管机构批准发布，对全国经济技术发展具有重大意义，并在全国范围内统一实施的标准。国家标准分为强制性国家标准和推荐性国家标准。强制性国家标准是经济社会运行的底线要求，《中华人民共和国标准化法》规定，涉及保障人身健康和生命财产安全、国家安全、生态环境安全及满足经济社会管理基本需要的技术要求，应制定强制性国家标准。推荐性国家标准、行业标准、地方标准、团体标准及企业标准的技术要求都必须高于强制性国家标准。推荐性国家标准旨在满足基础通用、匹配强制性国家标准、引领各行业发展的需求，是各行业自愿采用的标准。

行业标准和地方标准均属于推荐性标准。行业标准是指对没有国家标准而又需要在全国某个行业范围内由国务院有关行政主管部门按照统一的技术要求制定的公益性标准，并报国务院标准化行政主管部门备案。地方标准则由省、自治区、直辖市人民政府标准化行政主管部门制定，以满足地方自然条件、风俗习惯等特殊技术要求。

团体标准是由国家鼓励的社会团体，如学会、协会、商会、联合会及产业技术联盟等，协调相关市场主体共同制定，以满足市场和创新需求。团体标准由本团体成员约定采用或按照本团体规定供社会自愿采用，国务院标准化行政主管部门会同国务院有关行政主管部门对其进行规范、引导和监督。

企业标准是由企业自行制定或与其他企业联合制定，旨在满足企业自身生产和经营需求。企业标准一般分为产品类标准、规程类标准（操作）、规范类标准（管理、操作）等，主要在企业内部使用，特别是在产品设计、生产、检验、安装及维护等环节。

截至 2023 年年底，我国发布国家标准共 44499 项，其中强制性标准 2064 项，推荐性国家标准 41844 项；行业标准 80828 项；备案地方标准 69709 项；团体标准 74240 项；企业标准 3165625 项。[①] 各类标准累计发布数量如表 1-1 所示。

表 1-1　截至 2023 年年底各类标准累计发布数量　　　　（单位：项）

标准类型	标准数量
国家标准	44499
行业标准	80828
地方标准	69709
团体标准	74240
企业标准	3165625

随着我国经济社会的日益蓬勃发展，标准化改革工作不断深化，标准体系愈加完善，标准在经济社会各领域发挥着愈加重要的作用。

---

① 国家标准化管理委员会.中国标准化发展年度报告（2023 年）[EB/OL]. [2024-03-28]. https://www.sac.gov.cn/xw/bzhdt/art/2024/art_ed9fa13f542c4b9aa40188eb0e8349f7.html.

第二节　认证概述

一、认证的含义

认证是由认证机构对产品、服务或管理体系是否符合相关技术规范、强制性要求或标准进行的合格评定活动[①]。

按实施对象的不同，认证可分为产品认证、服务认证、管理体系认证及人员认证；按实施强度，又可以分为强制性认证与自愿性认证。强制性认证由国家规定强制执行，例如，我国实行的强制性产品认证（又称 CCC 认证或 3C 认证）；而自愿性认证则基于企业自愿申请，同时受到国家的提倡与鼓励。

具体来说，认证具有以下两方面的特点。

（1）公正性。认证作为第三方的合格评定制度，由于技术、管理过程的复杂性及利益驱动等因素，供需双方的合格评定结果很难获得市场及社会公众的普遍信任。由独立的第三方机构进行评定和证明，其评定结果更加客观、公正，更容易赢得市场及社会公众的信赖，具有较强的公信力。

（2）规范性。认证依据国际组织或国家制定的标准、法规、指南等技术性规范进行，遵循特定的实施程序。这些规范和程序都是法定的、明确的、可验证的，因此，认证活动在其指导和约束下，能够保证相关结果和证明的规范性和透明度。

二、认证的发展历程

近年来，为深入推进我国认证认可制度的改革与发展，政府出台了一系列政策性文件和法律法规，旨在完善我国认证认可制度的顶层设计，明

---

① 国家认证认可监督管理委员会. 中华人民共和国认证认可条例（2020 年修订版）[EB/OL]. [2020-11-29]. https://www.cnca.gov.cn/zwxx/zcfg/art/2020/art_4ae128be9dbc414688041ac69ad74af2.html.

确发展方向，推动认证认可制度的有序、健康发展。我国认证认可制度的发展历程大致经历了以下三个阶段：试点起步阶段、全面推行阶段和快速发展阶段。

第一个阶段是试点起步阶段（1981—1991年）。1978年我国重新加入国际标准化组织（ISO），积极参与国际电工委员会（IEC）的活动，打开了我国全方位参与国际标准化和合格评定活动的渠道。1981年，经国家标准总局授权，中国电子元器件认证委员会成立，标志着我国认证认可工作的正式启动，此后，认证认可制度在多个领域逐步推广，如家用电器、电子娱乐设备、医疗器械、汽车、食品、消防产品等，并涉及多个政府管理部门。

第二个阶段是全面推行阶段（1991—2018年）。1991年5月，为了进一步规范认证认可活动，提高产品、服务的质量和管理水平，促进经济和社会的发展，国务院颁布了《中华人民共和国产品质量认证管理条例》，标志着我国的质量认证工作由试点起步进入了全面推行的新阶段。2001年4月，国家认证认可监督管理委员会成立，统一管理、监督和协调全国认证认可工作，全面推行认证认可制度及其活动。

第三个阶段是快速发展阶段（2018年至今）。2018年3月，中共中央印发《深化党和国家机构改革方案》，组建国家市场监督管理总局，负责市场综合监督管理，负责统一管理检验检测、认证认可等工作。国家认证认可监督管理委员会职责划入国家市场监督管理总局，对外保留牌子，这充分体现了党中央、国务院对认证认可检验检测工作的高度重视，标志着认证认可检验检测工作进入快速发展新阶段。

2021年5月，《中华人民共和国认证认可条例》（2020年修订版）正式实施，确立了认证认可检验检测活动的唯一单行法规，明确了涉及认证认可、检验、检测工作的基本原则、制度体系、监管要求和相关法律权利义务关系。同年，国家市场监督管理总局发布《认可机构监督管理办法》，鼓励相关部门、行业参与认可制度的建立，并通过此管理办法加强对认可机构的监督管理。2022年7月，国家市场监督管理总局印发《"十四五"

认证认可检验检测发展规划》，该规划对"十四五"时期，认证认可检验检测行业发展的总体要求、发展目标、发展任务和保障措施等做出了统筹安排。2023年2月，中共中央、国务院印发了《质量强国建设纲要》，该纲要提出要加强质量基础设施能力建设，推动认证认可技术研究由单一要素向系统性、集成化方向发展。完善检验检测认证行业品牌培育、发展、保护机制，推动形成检验检测认证知名品牌。上述出台的一系列政策性文件和法律法规，进一步完善了我国认证认可制度的基本框架，明确了这一阶段认证认可制度的发展方向，规范了认证认可制度的实施过程，极大地促进了我国认证认可制度的快速发展。

总体来看，我国认证认可制度的发展历程如图1-3所示。

试点起步阶段
1978年，我国加入国际标准化组织（ISO）
1981年，中国电子元器件认证委员会成立

我国打开了全方位参与国际标准化和合格评定活动的渠道。同时，第一家认证机构的成立标志着我国认证认可工作进入试点和起步阶段。

全面推行阶段
1991年5月，国务院颁布《中华人民共和国产品质量认证管理条例》

质量、产品、管理体系等各类认证在全国全面推行起来。初步建立起认证组织体系、制度体系、法律法规体系、监管体系及国际互认体系，认证工作在我国开始全面推行。

快速发展阶段
2018年3月，中共中央印发《深化党和国家机构改革方案》，组建国家市场监督管理总局，负责检验检测、认证认可等工作
2021年5月，《中华人民共和国认证认可条例》（2020年修订版）正式实施
2022年7月，国家市场监督管理总局印发《"十四五"认证认可检验检测发展规划》

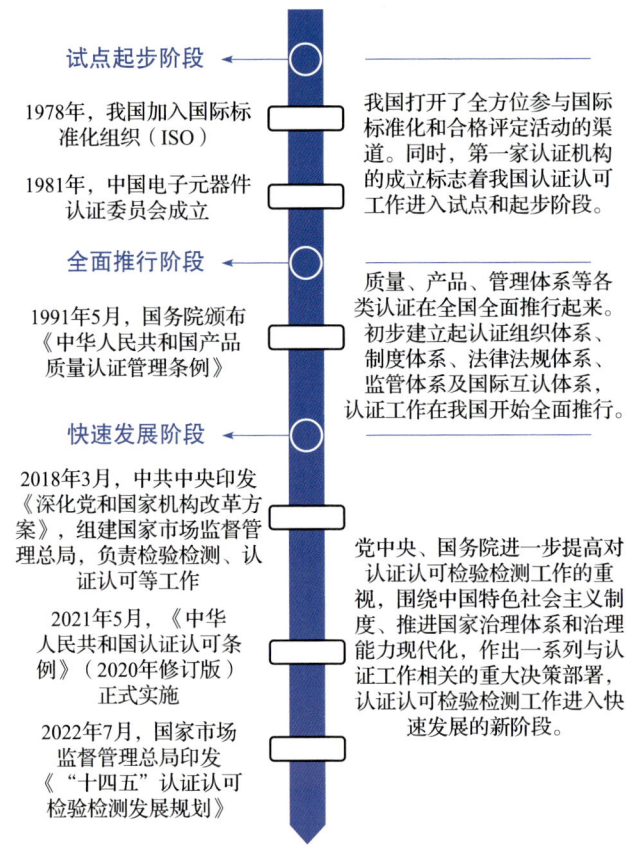

党中央、国务院进一步提高对认证认可检验检测工作的重视，围绕中国特色社会主义制度、推进国家治理体系和治理能力现代化，作出一系列与认证工作相关的重大决策部署，认证认可检验检测工作进入快速发展的新阶段。

图1-3 我国认证认可制度的发展历程

三、五位一体的认证认可监管体系

我国已构建并实施了一套全方位的监管机制，以"双随机、一公开"为基本监管手段，重点监管为补充，风险监测、质量追溯、责任追究及信用管理等为重要监管内容。这一监管机制包含了法律规范、行政监管、认可约束、行业自律和社会监督五位一体的监管体系。按照分级统一的管理模式，对认证的实施主体和实施过程，实行资质准入和认证实施等事中事后的监管方式[①]。

（一）法律规范

法律规范是认证认可制度的基石，为认证认可活动提供了明确的法律依据和规范。我国认证认可制度以《中华人民共和国认证认可条例》为基本遵循，建立了一个包含21部法律、16部行政法规、14个部门规章及31件规范性文件的认证认可法律规范体系。这一体系覆盖了认可管理、认证管理、机构管理、人员管理、专项管理和执法管理等多个方面，实现了认证认可工作全面依法进行。

（二）行政监管

行政监管是认证监管实施的主体，我国建立了以国家市场监督管理总局（认监委）和地方市场监督管理部门为核心的统一和分级认证监管体系。其中，认监委作为国务院的认证认可监督管理部门，负责全国认证认可工作的统一管理、监督和综合协调，其职责包括颁发许可证书、监督机构运作和处理纠纷等。地方市场监督管理部门则负责本辖区认证活动的监督管理。通过行政监管，能够及时纠正认证认可机构的不当行为，保障认证认可制度的健康运行。因此，在认监委的统一管理下，以地方市场监管部门为依托构建了系统化、区域化及层级化的认证执法实施体系，为认证

---

① 中国政府网. 我国已确立中国特色认证认可管理体系[EB/OL]. [2009-06-09]. https://www.gov.cn/jrzg/2009-06/09/content_1335759.htm.

认可活动的依法实施提供有效监管。

(三) 认可约束

认可约束是认证管理的重要环节。认可是以诚信为基础，相关国际标准和规范性文件为准则，对认证机构的技术能力和管理能力实施评审，以证实其是否具备按照规定要求开展认证活动和出具认证证书的能力。通过认可，证明认证机构具备按规定要求在获认可范围内提供特定认证服务的能力，有利于促进认证结果被社会和贸易双方广泛认同和使用。在我国，认可工作的实施主体是中国合格评定国家认可委员会，构建了以系统评价、连续监督、支撑互动、信息披露和最终用户反馈为核心的认可约束体系。

(四) 行业自律

行业自律是认证认可市场监管体系的重要组成部分。2006年10月，中国认证认可协会发布了《中国认证认可行业自律公约》等一系列行业自律规范，提出了中国认证认可行业自律的基本原则，即公开、公正、公平、守法、诚信、独立。此外，强化行业协会组织的自律管理功能，建立健全机构自律行为规范和职业道德准则，探索建立"吹哨人"、内部举报人等制度，鼓励引导同业监督，规范从业机构及人员行为，维护认证认可检验检测行业的公信力。

(五) 社会监督

我国构建了以申诉投诉机制和社会义务监督员制度为核心的社会监督体系，国家认证认可监督管理委员会分别于2006年和2011年发布实施了《认证认可社会义务监督员管理办法》和《认证认可申诉投诉处理办法》，建立和健全了社会义务监督员队伍。社会公众通过全国认证认可信息公共服务平台、检验检测机构资质认定信息查询系统等信息共享平台获取相关信息，并通过投诉举报、行风调查评议等渠道，积极参与认证认可制度的监督。同时，新闻舆论监督也得到了强化，媒体和网络平台在曝光问题线索和违法案件方面发挥了积极作用，促进了公众对认证认可制度的关注。

随着"双随机、一公开"监管机制的深化以及"法律规范、行政监管、认可约束、行业自律及社会监督"相结合的"五位一体"监管体系的完善，我国认证领域的监管整治效果不断深化，认证认可工作的有效性和公信力持续提升。

第三节　标准、认证对高质量发展的推动作用

一、标准对高质量发展的作用

标准是经济活动和社会发展的技术支撑，是国家基础性制度的重要组成部分。标准化在推进国家治理体系和治理能力现代化中发挥着基础性和引领性作用。随着我国各领域标准化程度的不断加深，标准在促进我国高质量发展中发挥了重要的作用，其主要体现在以下几个方面。

（一）规范市场秩序

标准是市场经济的通行证，通过过程透明、结果公开及协商一致的方式，为市场竞争提供基本规则。市场的特点之一是竞争，但无序竞争只会对经济的发展造成负面影响。市场竞争需要在一定的规则和秩序下进行，标准能够规范市场结构和竞争秩序，使同业之间的竞争保持有序。国家市场监督管理总局副局长田世宏指出[1]，标准规范市场秩序体现在两个方面：一方面，标准促使技术的规范化，将个体技术创新转化为群体共同的技术规范，推动生产规模化、产业化和集群化，形成有序发展的统一大市场；另一方面，标准促使规范技术化，将抽象的市场要求转化为具体文本，准确、高效传递规则信息，保障公平竞争。

（二）协调产业发展

在现代产业链中，标准化可以促进不同环节之间有效衔接和协同作业，降低交易成本，提升整个产业链和供应链的运行效率。在协调促进产业发展中，标准在提升效率、降低成本、促进协作等方面起着关键作用。

---

[1] 中国标准化协会. 田世宏副局长在中国标准化大会开幕式上的致辞 [EB/OL]. [2023-04-19]. https://www.china-cas.org/zxdtxhxw/3126.jhtml.

第一，提升效率。标准通过制定统一的标准和流程，可以提高工作流程的效率，避免重复劳动和无效操作。此外，标准化还能减少错误和失误的发生，提高工作质量和成效。

第二，降低成本。标准化通过统一的标准和规范，可以实现生产过程的规范化、自动化和标准化，从而减少资源浪费和能源消耗，降低生产成本和运营成本。同时，标准化还能提高生产的稳定性和一致性，减少废品和次品的产生，降低产品制造的成本。

第三，促进协作。标准化通过制定统一的标准和规范，促进各个部门或企业在相同的框架下进行协作，消除沟通障碍，减少信息传递误差，从而提高合作效率和质量。同时，标准化还能够促进知识的共享和经验的传承，提高组织的学习能力和创新能力。

（三）引领技术创新

标准对技术创新的引领作用主要体现在缩短技术创新周期、加速技术创新成果扩散、促进技术创新产业化、降低创新风险四个方面，具体如下。

第一，标准可以缩短技术创新周期，提高创新效率。标准化的本质是对行为一致的事物进行归纳总结，形成规范性文件，是模仿升华、消化吸收新技术的捷径。基于标准的技术积累和形成的新技术规范，使技术创新方向更明确、更有效率。同时，产品系列开发是当今首选的创新路径，而标准的普及和应用，可以减少不同零部件和接口之间的不匹配带来的创新阻碍。

第二，标准加速技术创新成果扩散，确立新技术的主导地位。德国知名学者克努特·布兰德（Knut Blind）对标准和创新之间的研究进行了系统的总结，其认为要使产品创新和流程创新能够产生显著的、积极的经济影响，还必须使之成功地走向市场并得以有效扩散，而标准化能促进技术的扩散进程[1]。此外，传统的产业组织理论SCP范式强调，市场的供需关

---

[1] Blind K. The Impact of Standardisation and Standards on Innovation[J]. Chapters, 2016.

系决定了市场结构,而市场结构决定了企业的行为,从而影响企业绩效。在新的市场环境下,企业不再是市场结构的被动接受者,而是主导者,其可以利用技术标准的经济"外部性"加速技术创新成果扩散,影响市场需求,集中优势力量来改变市场结构,从而掌握市场主动权。

第三,促进技术创新产业化,提升创新效益。在技术、标准及产业化三者之间,技术是核心,标准是手段,产业化是最终目的。技术标准作为技术到产业化之间的桥梁,将技术创新迅速转化为生产力,提升企业竞争力。而经济利润是企业创新的最大动力。如今,技术发展日新月异,尤其在高技术产业领域,企业为获取超额垄断利润,将专利技术嵌进标准,再通过将企业技术标准升级为行业标准乃至国家标准,促进创新技术产业化,从而形成创新的最终效益。

第四,降低创新风险。技术创新是一个集企业内外部大量的资源投入,包括人力、物力和财力等,历时数载才能成功的高风险行为。标准是技术创新的基础,技术创新在某种程度上延续着原来的技术路径,而有标准可依,能够最大限度地确保产品的兼容性,大大提高技术产品研发的成功率,从而有效降低创新风险[1]。

二、认证对高质量发展的作用

认证认可作为促进市场有序运行的基础性制度,对经济社会高质量具有重要作用,是促进市场健康发展的信用证、体检证和通行证。一是信用证,通过第三方的认证和认可,为市场参与者提供了一种信任机制;二是体检证,它通过第三方机构对产品、服务或管理体系进行符合性评价,确保它们满足特定的标准和规范;三是通行证,它通过国际认可的认证和检验,帮助产品和服务跨越国界,进入国际市场,有助于减少国际的贸易壁垒,促进国际贸易的便利化。具体而言,认证对高质量发展的作用主要体

---

[1] 陈以富. 标准化促进技术创新机理研究 [C]// 标准化助力供给侧结构性改革与创新——第十三届中国标准化论坛论文集. 济南:《中国学术期刊(光盘版)》电子杂志社,2016:4.

现在以下几个方面[①]。

（一）传递市场信任

市场交易的本质是一种互信行为，在缺乏信任机制的情况下，市场活动将严重缺乏效率，增加交易成本，而认证认可的本质属性就是传递信任。认证传递信任主要体现在以下几个层面。

一是认证通常具有权威性的标志或标签。这些标志成为产品或服务的"信任徽章"，在市场上表明其已经通过独立机构的认可，从而加强了消费者对其的可信度。此外，通过具有公信力的第三方提供能力、质量及信用等方面的公示证明，能够增强交易各方的信心，从而降低信息不对称带来的风险成本，使市场活动更加公平、透明和可预期，从而简化市场交易流程，提高贸易自由度。

二是认证通常具备可追溯性要求。即产品或服务的来源和生产过程可以被追踪和核实，这有助于建立消费者对产品或服务的信任，增强对产品或服务质量和安全的信心。并且，认证并不是一次性的过程，而是需要定期监督和审核，而这种连续的监督和审核机制确保认证过程持续有效，使产品或服务在整个生命周期内保持相应的标准，从而提高消费者的可信度。

三是认证通常作为政府部门对企业及其产品进行诚信评价和征信管理的重要依据。政府部门可以将企业产品或服务的认证信息作为诚信评价和征信管理的重要依据，从而健全市场信任机制，优化市场准入环境、竞争环境和消费环境。例如，在优化市场准入环境方面，通过认证认可手段，确保进入市场的企业及其产品、服务符合相关标准和法律法规的要求，起到源头把关、净化市场的作用；在优化市场竞争环境方面，认证认可向市场提供独立公正、专业可信的评价信息，避免信息不对称造成的资源错配，形成公平透明的竞争环境，起到规范市场秩序、引导市场优胜劣

[①] 国家市场监督管理总局. "十四五"认证认可检验检测发展规划 [EB/OL]. [2022-08-17]. https://www.gov.cn/xinwen/2022-08/17/content_5705657.htm.

汰的作用；在优化市场消费环境方面，认证认可最直接的功能是指导消费，帮助消费者识别优劣，避免遭受不合格产品的侵害，并且引导企业诚信经营、改善产品质量和服务，起到保护消费者权益、提升消费品质的作用。

（二）促进市场有效运行

认证具有"信息甄别"和"信息传递"的功能，通过颁发各种权威的认证标志，可以将产品品质信息传递给市场，从而减少供需双方的信息不对称，降低消费者的信息检索成本和交易风险，形成有效市场。

一方面，认证为市场提供了产品或服务关于质量、合规性的信息，消费者和企业通过认证标志，能够快速识别和了解产品的性能和安全性，提高了市场信息的透明度。此外，认证强调企业的社会责任，要求企业在生产和服务过程中关注质量、环保等社会责任。这有助于建立企业的良好形象，增强其在市场中的可信度。

另一方面，标准化认证有助于推动整个产业链的标准化和规范化。这促进了产业链的协同发展，减少了不必要的交易成本，提高了产业的整体效率。并且，为了符合认证标准，企业通常需要进行技术创新和研发。这刺激了市场中的技术和产品创新，有助于提高市场的活力和竞争程度。再者，通过认证，使企业以国际先进技术标准和规范为标杆不断提升自身技术水平和管理能力，推动产业国际化发展。

（三）优化产业结构

认证的属性就是传递信任。通过建立供需之间可信的连接，能够降低信息不对称，抑制产业资源"逆向"组合，引导产业资源配置优化，促进产业要素水平合理化和产业结构转型升级。认证对于产业结构优化升级的影响主要体现在以下两个方面。

第一，认证依据的技术标准反映制造业的基准水平。认证本身也是一种有效提升产业要素水平的重要手段，在提高产业要素的管理水平、质量水平和市场竞争力等方面，发挥着基础保障和引领提升的作用。认证的标准通常覆盖了整个产业链，从上游到下游，进一步推动了整个产业链的协同发展，引导产业链迈向高附加值和高技术含量。

第二，认证是促进市场经济运行的基本制度安排。一方面，通过评估认证，将产品质量、企业管理等真实信息传递给市场，引导理性需求。另一方面，可以向产业供给方传递相关质量要求和标准，避免出现产业资源供需的错配口。并且，认证认可作为一种公正的第三方力量，可以对行为者网络中的各类资源信息进行有效的甄别和可信传递，避免行为者主体信息误判和资源逆向选择，促进产业资源高效配置。

因此，认证通过引导产业资源的优化组合配置，促进产业配套结构优化和产业间关联程度不断提升，全方位推动产业结构的转型升级。

（四）促进质量提升

认证作为一种由专业能力较强的机构依据相关法规、标准或技术规范进行的符合性评定活动，为企业及其他组织提高管理水平、改善产品质量提供了重要途径。认证过程包括对商品相关特性进行检测检验，以及对生产过程进行监督检查，以确保商品或服务质量符合相关标准要求，并颁发认证证书。对企业而言，能够从根本上保证产品的质量安全、提升管理水平、加强风险防范，从而提高企业竞争力，加速市场化进程。

第一，认证基于特定的标准和规范，推动企业将这些质量要求内化到产品设计、生产和服务过程中，提高产品和服务的质量水平。要求企业建立质量管理体系，包括流程控制、风险管理等，实现质量管理的规范化和常态化，从而提高产品和服务稳定性与可靠性。

第二，为满足或超越认证标准，企业通常需要进行产品研发和技术创新。一是企业加大质量技术创新投入，发展智能制造、绿色制造和服务型制造等；二是推动质量创新成果转化为标准，从而实现产业化应用；三是推动大数据、区块链及云计算等技术与质量管理的融合发展，提升质量精准化控制和实时检测能力。

因此，认证在供应链和服务流程中推动了产品质量和服务水平的提升，增加了企业竞争力，提高了市场对产品和服务的信任度，促进了企业和行业的可持续发展。

（五）推动国际贸易

当前，世界经济贸易格局正在发生深刻变革，世界处于百年未有之大变局。而经济全球化正面临保护主义、单边主义等逆流，国际形势面临重大挑战。中国正积极构建以国内大循环为主体、国内国际双循环相互促进的新发展格局，推动经济高质量发展。

认证作为国际通行的质量管理手段和贸易便利化工具，在全球贸易体系中发挥着重要作用，包括协调国际市场准入、促进贸易便利等。认证能够在市场中甄别和传递产品质量信息，建立市场信用机制，引导市场优胜劣汰，为国际贸易往来打下坚实基础。

认证为企业参与全球供应链创造了机遇。在国际贸易中，满足各种认证要求才能参与复杂的国际供应链网络，而企业通过获得认证，能更便利地融入国际市场，与其他国家或地区建立紧密的合作关系。

习近平总书记指出，中国的发展惠及世界，中国的发展离不开世界。我们要扎实推进高水平对外开放，既用好全球市场和资源发展自己，又推动世界共同发展。在对外开放的道路上，认证认可制度为国际贸易提供了制度性支持，推动全球贸易形成更加有序、高效的合作，对实现高水平对外开放和推动高质量发展具有重要作用。

第二章

标准认证协同引领高质量发展

党的十九大报告指出，我国经济已由高速增长阶段转向高质量发展阶段，必须坚持质量第一、效益优先，以供给侧结构性改革为主线，推动经济发展质量变革、效率变革、动力变革，提高全要素生产率。而经济发展方式的变革，引发了对经济社会环境的变革需求，对当前的标准体系和认证制度提出了更高要求。此外，标准与认证的共生关系就像一个硬币的两面，只有两者结合，才能为产业链带来价值和信任[1]。因此，积极探索标准认证协同发展的创新机制，积极参与国际标准与合格评定程序制定，为建立全球范围内的有效、安全和稳定的产业链提供标准化、系统化和专业化的支持[2]，具有重要的现实意义和应用价值。

---

[1] 网络传播杂志.以创客精神做行业标准[EB/OL].[2024-05-16]. https://www.cac.gov.cn/2018-12/27/c_1123914994.htm.

[2] 虹桥国际经济论坛.虹桥观点｜舒印彪：中国一直是国际标准的重要参与者和贡献者[EB/OL].[2024-05-16]. https://www.ciie.org/zbh/cn/IEF/video/cooperation/20240322/43441.html.

第一节　标准认证协同的客观需求

经济发展方式变革引起的社会经济环境变化，主要表现在市场需求变动、技术创新、产业转型和经济全球化等方面。在此背景下，通过制定和实施标准，并推动标准认证相互协同，快速响应市场需求，从而发挥引领技术创新，推动产业转型升级，主导国际化和全球化进程的作用，意义重大。

一、市场需求变动需要标准认证协同

市场需求变动对标准认证的协同需求主要体现在以下两个方面。

一是消费观念的转变。随着我国经济从高速增长阶段转向高质量发展阶段，居民收入的稳步增长激发了对品质消费和优质服务的需求。实施高端品质供给与服务升级成了推动消费转型与市场升级的关键策略，这进一步激发了对标准认证协同的需求。认证过程中，应根据当前的市场需求，进一步升级现有质量标准、服务标准，并通过认证，创新优质产品和服务供给，持续满足消费观念和结构的转型升级，实现"企业—市场—消费者"在更高水平的良性循环，充分释放消费市场的潜力。

二是经济结构的优化升级。经济结构的转型升级，使得市场对产品和服务质量的要求不断提高。这种高要求，离不开标准认证的协同。一方面，标准认证的协同，推动先进标准的制定和实施。在认证过程中，能够基于市场需求，帮助企业不断通过技术创新和改进生产流程，提高产品和服务的可靠性、耐用性及其他必要性能，以满足经济结构对高端消费和优质服务的需要。另一方面，通过认证，企业能够向市场传递其产品或服务的品质信息，增强消费者对品牌和产品的信任，建立企业与消费者之间的可信连接，降低市场信息的不对称性，促进市场信息的有效传播，降低经

济结构优化中的交易成本。此外，通过标准认证的协同，能够快速响应市场需求变动，促进企业与市场、供给侧与需求侧的协同，推动生产结构与消费结构的协同升级。

以新消费引领新供给，以新供给创造新需求，通过标准认证协同，推动消费和供给之间形成良性循环，实现产业结构和需求结构在更高层次上的新的动态平衡，不断促进消费结构和经济结构的优化升级，以满足不断变化的市场需求。

二、技术创新需要标准认证协同

标准是创新成果到产业化应用的桥梁，而认证是从产品到市场的桥梁。在此基础上，标准认证的高度协同，是技术创新成果进行应用转化的媒介，为技术创新提供源动力和应用场景，高效引领技术创新。

标准认证协同为技术创新一体化提供源动力和应用场景。技术创新涉及新产品、新工艺和新业务模式的开发。在认证过程中，通过标准认证协同，能根据市场的新要求，升级原有标准，并通过认证推动新一轮先进标准的实施。这些先进标准，具有快速响应市场需求的特性，成为确保企业创新成果得以有效转化和应用的关键。此外，这些先进标准，能够迅速吸纳和反映行业内的最新技术进展，为企业提供一个更加灵活和友好的技术基础，满足市场中技术变化的特性，从而促进企业在产品开发和工艺改进上的技术创新。

标准认证协同为技术成果转化提供市场认可。高标准引领高质量，但无法自发地解决市场信息不对称。而标准认证的协同，从源头和实施过程中提供一体化方案，通过认证机制，特别是基于升级后的先进标准认证，为技术创新成果提供市场认可的高质量标签。这种认证不仅验证了产品或服务的技术指标，还传递了对消费者承诺的信任，增强了消费者和市场对新技术推广和应用的信心。

标准认证协同能够缩短技术创新周期，降低创新风险。技术创新延续原来的技术路径，依靠标准和认证体系确保新技术的兼容性，从而极大提高技术创新的成功率，降低创新风险。标准和认证协同为技术创新提供了一套统一的技术规范和要求，明确技术创新的方向，提高效率，加速技术创新成果的扩散，从而缩短技术创新周期。此外，标准认证的协同，通过先进标准的引入和扩散，降低企业之间的技术壁垒，使不同企业之间可以更容易进行技术对接和合作创新。

随着经济发展方式的转型，技术创新环境发生深刻变革，对技术创新机制提出了更高的要求。而标准认证的协同，以市场需求为导向，更好地吸纳和转化技术创新成果，促进技术创新机制和创新环境的转型升级，一体化打造技术创新的新引擎。

三、产业转型升级需要标准认证协同

经济发展方式的变革，使以资源消耗为依托的传统发展模式已难以为继，产业转型升级成为实现经济可持续发展的必由之路。而标准认证的协同可以引导和规范产业的发展方向，为产业转型升级提供源动力，提升产业的整体竞争力和市场适应性。因此，推动产业的转型升级从而实现经济可持续发展，亟须建立全新的标准认证协同机制。

标准认证协同是推动产业结构优化升级的重要抓手。随着市场需求的变化和新兴技术的涌现，传统产业需要通过技术创新和管理创新实现转型升级。通过制定和实施与新技术、新工艺、新业务模式相适应的标准体系，可以引导企业采用先进的生产方式和管理模式，推动产业结构向更高端、更智能、更绿色的方向发展，为产业转型升级提供技术和管理制度支持。

标准认证协同加速形成产业升级的创新合力。标准认证协同，促进各领域间技术交流和合作，形成产业升级的协同创新合力。第一，标准认证的协同推动创新成果产业间共享。在认证过程中，鼓励企业共同参与标准制定，共享创新成果，减少整个产业链重复研发的成本，加速新技术在全产业链中的转化应用。第二，标准认证协同助力打造产业链间的协同创新机制。在产业转型升级的过程中，不同企业、不同行业之间的协同创新尤为重要。通过制定和实施跨行业、跨领域的综合性标准，可以促进不同企业之间的技术交流和合作，进而促进产业链上下游不同主体在统一的标准下，联合开展技术研发，形成有效的产业协同创新机制。

标准认证协同在推动产业结构转型升级中发挥着不可替代的作用。通过这种协同，从技术引领、制度支撑及创新环境等多维度，一体化打造产业转型升级的新引擎，全方位实现产业链的高质量发展。

四、经济全球化需要标准认证协同

全球化竞争日趋激烈，国际环境复杂多变，这使得经济全球化对标准认证协同的需求尤为显著。

标准认证协同促进贸易自由化和便利化。随着全球贸易的增加，不同国家和地区之间需要有一套共同认可的标准和认证体系，以减少贸易壁垒，促进商品和服务的自由流通。而标准认证协同，使在国际认证时，基于国际市场需求，主动参与国际标准制定或引入国际先进标准，推动产品或服务的国际化转型，减少贸易壁垒。此外，通过参与国际标准的制定，各国企业能够确保其产品在设计和生产阶段就考虑到全球市场的通用性，从而减少由于标准不兼容带来的贸易成本和时间延误。认证作为一种标志，验证了产品或服务符合相关标准的要求，特别是高品质的认证标志成了国际市场上产品质量和安全性的保证，如国际标准化组织（ISO）认证系列，不仅代表了产品的高标准，也成了企业进入国际市场的重要通行证。通过国际认证，企业可以向全球市场传递其对质量承诺的信号，增强消费者的信任，提升品牌的国际形象，为企业提供了强有力的市场竞争优势。

标准认证协同助力构建统一的国际产品和服务质量保障体系。标准认证协同在推动建立统一的国际产品和服务质量保障体系方面发挥着至关重要的作用。首先是统一质量标准。通过 ISO 等机构制定的全球通用标准，各国可以采用统一的质量标准来指导产品和服务的生产，确保不同国家和地区的产品和服务能够满足相同的质量要求。其次是促进国际互认。标准认证的国际互认机制允许一个国家的认证在其他国家得到认可，减少了重复测试和认证的需求，降低企业的运营成本，加速产品和服务的国际流通。最后是加强监管合作。各国监管机构可以通过标准认证协同机制加强合作，共同监督产品和服务的质量，打击假冒伪劣产品，保护消费者权益和公共安全。

标准认证协同促进国际的深度合作。通过标准认证的协同，一是可以推动不同国家和地区在技术、经济和贸易政策方面加强合作，协同创新，共同应对全球性挑战，如环境保护、公共卫生等。二是共同推动国际产业链、供应链的稳定性和协同性，有助于国际产业链、供应链各环节之间的质量联动提升，保障供应链的稳定性和高效运作。

总之，随着经济全球化进程的加速，国际形势的深度变化，经济全球化对标准认证协同的需求日益凸显。通过标准认证的协同，可以加强国际标准和认证的制定、实施和推广，可以促进国际贸易的便利化和自由化，推动全球产业的协同发展。通过标准认证的协同，为经济全球化发展提供一体化的协同提升思路，共同应对全球化带来的挑战，促进全球经济的稳定和繁荣。

第二节　标准认证协同的探索

自 1991 年 CQM 方圆成立以来，我国质量认证行业不断发展完善，经历了全面推行阶段、统一认证体系的建立和实施阶段及高质量发展阶段[①]。与此同时，CQM 方圆自身也在对标准认证的协同进行持续深入的探索和实践，该过程充分反映了时代背景、行业发展与 CQM 方圆内部转型的需求。根据 CQM 方圆自身发展的实际情况，可将标准认证协同的探索过程分为资质品牌阶段、行业品牌阶段和公众品牌阶段。

一、资质品牌阶段（2013—2016）——打铁还需自身硬

（一）现实背景

1. 行业背景

2001 年以前，我国质量认证处于全面推行阶段，认证领域的总体结构单一，对国内产品和进口产品实施两套强制性产品认证制度，存在证出多门、多重标准、监督不力及有效性不强等问题，一度成为我国"入世"谈判的焦点问题。2001 年，我国质量认证进入统一的认证体系建立和实施阶段。同时，我国为加入世界贸易组织（WTO）做出"入世"承诺，建立统一的强制性产品认证制度。随后，国家市场监督管理总局（以下简称国家质检总局）出台《强制性产品认证管理规定》，决定正式实施 CCC 认证制度，承担 CCC 认证的认证机构由相关部门进行资质审核，标志着我

---

① 国家市场监督管理总局认证监督管理司. 中国质量认证 40 年 [M]. 北京：中国工商出版社，2021.

国长期以来存在两套强制性产品认证制度的局面彻底结束[①]。

随后，我国逐步在特定行业和产品领域建立和实施认证认可制度，以保障产品质量和安全，促进市场健康发展。2013—2015年，国家认监委先后发布了《低碳产品认证管理暂行办法》《有机产品认证管理办法》《节能低碳产品认证管理办法》等政策类文件，在国际上率先建立国家低碳产品认证制度，大力推广有机产品认证和节能低碳产品认证。同时，国家质检总局、国家认监委先后将机动车儿童乘员用约束系统及火灾报警产品等15种消防产品纳入强制性产品认证目录[②]。

在此阶段，严格的CCC认证制度与资质审核给认证机构带来了一定限制，但同时，自愿性产品认证制度在不同领域的推行为认证机构带来了新的发展机遇。

2. 企业状况

CQM方圆自成立之初，就开始从事认证业务，业务范围主要为体系认证和产品认证。体系认证覆盖质量管理体系认证、环境管理体系认证、职业健康安全管理体系认证、食品安全管理体系认证（HACCP）等多个领域。产品认证不仅局限于自愿性产品认证，还逐步拓展到强制性产品认证、产品安全认证、有机产品认证、饲料产品认证、防爆电气产品认证等多个方面。

2002年相关政策规定，承担强制性认证工作的认证机构，须经国务院认证认可监督管理部门批准并获得资质后方可从事认证活动。CQM方圆于2004年获得溶剂型木器涂料和瓷质砖CCC强制性认证资质，2012年取得低压成套CCC产品认证资质，2014年取得承担低压元器件、电动工具、电焊机CCC产品认证资质。由于认证机构的资质审批较为严格，审批流程复杂，市场上获得资质的认证机构较少，市场竞争较为温和。

[①] 国家市场监督管理总局认证监督管理司. 中国质量认证40年[M]. 北京：中国工商出版社，2021.

[②] 国家市场监督管理总局认证监督管理司. 中国质量认证40年[M]. 北京：中国工商出版社，2021.

CQM 方圆作为中国成立最早且具有资质的认证机构之一，在当前的认证市场上具有较强的品牌影响力，处于稳步发展阶段，因此，将此阶段称为资质品牌阶段。

然而，CQM 方圆在稳步发展的过程中仍面临诸多问题，其中最主要的问题则是业务结构单一。CQM 方圆是一个纯粹的认证机构，侧重于体系认证和产品认证，几乎完全依赖于传统认证业务，在其全部业务中占比高达 99%，这使 CQM 方圆在面临市场变化和不确定性时缺乏灵活性和多元化，在应对外部风险时表现出较高的脆弱性。同时，企业缺少多元化业务结构的支持，这在一定程度上限制了企业的创新活力。

总的来看，资质品牌阶段，认证行业正处于法律法规体系、制度体系及监管体系等基础制度的建立阶段，承担 CCC 产品认证的资质审批较为严格，CQM 方圆作为较早一批具有认证资质的机构，使其在行业中拥有一定的市场地位和影响力。然而，CQM 方圆仍存在业务结构单一等问题，在面对市场冲击和挑战时缺乏韧性，面对这些问题与挑战，CQM 方圆需要进行深刻的自我反思，并采取切实有效的措施，以实现企业的转型升级和可持续发展。

（二）CQM 方圆的探索

CQM 方圆在这一阶段的探索过程，首先从自我审视和战略规划开始。CQM 方圆领导层意识到，要抓住时代赋予的机遇，必须先从内部改革做起，集中解决企业的基础性问题，夯实企业的发展基础，强化企业自身的核心竞争力。作为认证机构，其服务质量直接关系到整个企业的声誉和市场地位。在资质品牌阶段，CQM 方圆不断提升自身的业务服务质量和管理水平。

首先，CQM 方圆致力于提高审定的一致性、及时率和准确率。通过对审核员进行专项培训和考核，建立专业素质高、经验丰富的审核团队，优化内部工作流程，提高工作效率，建立质量管控体系等一系列措施来提高审定工作的质量。其次，CQM 方圆加强了认证风险管控及质量提升的研究与实施。CQM 方圆建立了风险管控体系，加强了风险管理实践，并在认证技术创新方面进行了深入研究，从而不断提升了服务质量。最后，在项目管理方面，CQM 方圆不断优化项目管理流程，提高了项目管理质量，确保了项目的顺利执行和客户满意度的提升。

总的来说，资质品牌阶段是 CQM 方圆企业自我革新和转型升级的关键时期。通过提高审定的一致性、及时率和准确率，加强认证风险管控和质量提升的研究与实施，以及优化项目管理流程，CQM 方圆不断提升认证服务的专业性和可靠性，为 CQM 方圆的长远发展奠定了坚实的基础。

（三）探索成效

在资质品牌阶段，CQM 方圆在国家经济转型和服务业深度发展的宏观背景下，面对自身业务单一问题，展开了深刻的自我革新和探索实践。在这一时期，CQM 方圆秉承"打铁还需自身硬"的精神，着力解决企业自身的基础性问题，取得了显著成效。

CQM 方圆成功地实现了业务质量和水平的全方位提升。CQM 方圆加强了认证风险管控及质量提升的研究与实施，进行技术创新和流程优化，建立了严格的质量控制体系，提高了审定的一致性、及时率和准确率，确保了认证服务的专业性和可靠性。另外，CQM 方圆通过优化项目管理流程，提高了项目管理质量，提升了整体业务的服务质量和效率，进一步赢得了客户的信任和市场的认可，增强了 CQM 方圆的市场认可度和竞争力。

通过此阶段的探索和实践，CQM 方圆基本解决了企业自身的基础性问题，提升了服务效率与服务质量，增强了市场竞争力，在认证市场中树立了良好的品牌形象，为企业的转型升级和可持续发展奠定了坚实的基础。

二、行业品牌阶段（2016—2019）——握指成拳聚合力

（一）现实背景

1. 行业背景

2018年以前，我国认证行业仍处于统一的认证体系建立和实施阶段。在此阶段，我国质量认证做出了一项重要改革，即放宽认证机构审批资质。2015年，国家认监委深入落实"放管服"的改革要求，积极推行认证机构审批制度改革，放宽了认证市场准入。同年5月，国家质检总局决定修改《认证机构管理办法》，出台完善认证机构行政审批程序，放宽认证机构审批条件的一系列改革举措。随后，国家认监委于2015年6月发布《关于进一步深化认证机构行政审批制度改革有关事项的公告》，简化了《认证机构行政审批材料要求》，并完善了《认证机构行政审批服务指南》等，为认证机构审批改革提供了配套保障。

认证机构资质审批制度的放宽，充分激发了认证市场的活力。认证机构数量由170余家激增至480余家，认证市场更加多元，竞争愈加激烈，对认证机构的转型升级提出了更高的要求，认证机构需进一步增强核心竞争力，增强创新意识和提高创新水平，避免在激烈的市场竞争中淘汰。

同时，2015年，随着国家二元标准体系的提出，形成了由政府主导制定标准和市场自主制定标准共同构成的新型二元标准体系。这一体系强调了市场在标准制定过程中的重要贡献，发挥了团体标准"拉高线"的作用，为认证行业的深度转型升级带来了新的机遇。鉴于此，认证机构不仅可以依据国家标准、行业标准和地方标准开展工作，还可以通过自主制定团体标准开展认证，极大地激发了企业和市场在自主进行标准制定时的积极性和能动性。

2. 企业状况

在此阶段，CQM方圆除了传统的认证服务外，拓展了大量新兴服务，注重于解决客户的某类具体问题，并针对客户的具体需求开展服务。

在此期间，CQM方圆的服务内容从单一认证，扩展到业务培训、管理咨询、制度梳理、质量管理、安全管理及供应链管理等质量提升相关的技术服务，服务领域涉及国民经济39个大类，286个中类，500多个小类。CQM方圆在认证行业中具有服务种类多、领域广、认知度高等特点，具有良好的品牌声誉。因此，将此阶段称为行业品牌阶段。

在此阶段，CQM方圆的服务种类虽然很多，但缺乏统一的业务管理体系，不同种类服务之间交错繁杂，严重限制了服务效率和质量的提升。当前的服务体系只能解决客户在实际经营中的局部性问题，影响了客户对CQM方圆服务的整体感知。服务不成体系的问题亟须解决，需要快速实现服务流程的标准化、规范化和体系化，促进服务的一体化协同实施。

同时，CQM方圆在提供认证服务的同时，开始涉足技术服务领域。在具体的技术服务实践中，CQM方圆逐渐意识到企业内所有的业务都离不开标准，标准是认证的依据，有了高标准才能更好地开展认证及其他业务，而标准的制定对于确保服务质量和效果至关重要。因此，CQM方圆开始从标准的被动接受者转变为主动制定者，尝试将标准与认证工作相结合，这一转变是CQM方圆发展思维的重要调整。通过主导或参与标准的制定，依据团体标准进行认证，CQM方圆不仅能够更好地控制和优化技术服务流程，还能够在行业中发挥更大的影响力，提升自身的行业地位。

总的来看，认证机构资质审批制度放开后，CQM方圆面临较大的外部竞争压力，亟须开展业务转型，挖掘新的增长点和竞争力。与此同时，CQM方圆内部也进行了业务拓展，服务种类多、领域广，在具体业务实践中，CQM方圆领导层逐步认识到标准的重要性及标准认证结合的可能性。因此，在此阶段，CQM方圆的标准与认证协同的理念开始萌芽。

（二）CQM方圆的探索

在行业品牌阶段，CQM方圆开始了一系列的探索和改革。一方面，CQM方圆对传统认证业务进行了拓展，开辟了业务培训、管理咨询、制度梳理等其他技术服务；另一方面，加强了对非认证业务的研究，如将原有的技术部改革为方圆研究院,并承担认证业务以外其他技术服务的研究,提高其他技术服务的质量,这一转变标志着 CQM 方圆开始重视非认证业务的发展,寻求服务的多元化和差异化,以适应市场需求变化。

在 CQM 方圆开展多认证业务及其他业务的过程中,逐步认识到标准在实际业务中的决定性作用,开始从标准的使用者向制定者转变,尝试将标准与认证工作协同起来。CQM 方圆在实际工作中发现,现有的部分标准不能充分满足市场的实际需求,不能反映被认证产品或服务的特色。因此,基于市场需求和自身业务发展需要,CQM 方圆积极参与到标准的制定和推广中,研制符合市场需求和社会发展趋势的标准。并在制定标准过程中充分考虑认证的实施,进而依据这些先进标准开展认证,积极发挥标准与认证的协同作用。这一转变不仅有助于提升服务的专业性和权威性,打造 CQM 方圆的核心竞争力,也有助于推动整个认证行业的创新发展。

总之,在行业品牌阶段,CQM 方圆通过开辟新业务,新增多种业务种类,制定标准,促进标准与认证的协同等一系列措施,积极应对行业变化和解决企业自身问题,为打造更具引领性的行业品牌奠定了坚实基础。

(三)探索成效

在这个阶段,CQM 方圆通过一系列的内部改革和探索,不仅实现了 CQM 方圆自身的大发展,也促进了整个行业的持续繁荣。

首先,CQM 方圆实现了从传统认证机构向技术服务机构的转型升级。通过机构改革,CQM 方圆成立了研究院,专注于非认证业务的研发和服务,拓展了服务领域。CQM 方圆的业务结构也发生了积极变化,传统业务虽然经营业绩稳步上升,但在 CQM 方圆整体业务中的占比由 99% 下降至 45%,而非传统业务的占比则上升至 55%。这一转变增强了 CQM 方圆应对市场冲击的韧性,扩大了服务领域和服务范围,进一步增强了 CQM 方圆在认证市场的品牌影响力和竞争力。

其次,CQM 方圆较早地开展了标准与认证的协同实践。随着国家二元标准体系的提出和团体标准的出现,CQM 方圆在认证过程中积极参与标准的制定和推广，制定出既能够反映市场需求变化，又能体现产品与服务特征的标准，将认证服务与标准制定工作紧密结合起来，促进了标准化进程的高效实施。

最后，CQM方圆的探索和改革不仅推动了企业自身的发展，也为社会高质量发展做出了卓越贡献。标准认证的协同发展提升了整个认证行业的服务水平和效率，为各行各业提供了更加专业和权威的一体化认证服务。同时，CQM方圆服务范围拓宽，通过深入挖掘客户需求，提供更加个性化的服务，切实解决客户实际问题，增强了客户的满意度和忠诚度，推动了行业的服务创新和价值共创。此外，CQM方圆业务结构的优化，如传统业务占比的下降和非传统业务占比的上升，反映了CQM方圆在创新驱动和业务多元化方面的积极努力，为经济社会的多元化发展和产业结构升级转型提供了有力支撑。

三、公众品牌阶段（2019年至今）——守正创新谋发展

（一）现实背景

1. 行业背景

2018年以后，党中央、国务院做出一系列重大部署推动了质量认证进入高质量发展的新阶段，质量认证在国家治理中的地位更加突出。2018年2月，习近平总书记在党的十九届三中全会上，做出"推进质量认证体系建设"的重要论述，为质量认证工作明确了发展方向和目标。2021年3月，《中华人民共和国国民经济和社会发展第十四个五年规划和2035年远景目标纲要》（以下简称《2035年远景目标纲要》）中在加强产业基础能力建设、推动生产性服务业融合化发展、加快生活性服务业品质化发展、推动进出口协同发展、实施乡村振兴和发展绿色经济等多个重要领域明确部署了质量认证工作。同时，在2021年3月，国家发展改革委等13部门联合印发《关于加快推动制造服务业高质量发展的意见》，明确提出加快

检验检测认证服务业市场化、国际化、专业化、集约化、规范化改革和发展[1]。上述一系列的政策，表明了认证工作被赋予新的战略意义，不仅充分彰显了认证行业在国家经济社会发展中的重要地位，也为CQM方圆等认证机构提供了新的发展机遇和方向，促使认证机构充分贯彻落实高质量发展理念，进一步扩大服务领域和服务范围，并在产业发展、乡村振兴、绿色经济等重要领域深耕专业化认证服务，并加强认证行业的国际化，不断加强认证行业对高质量发展的支撑作用。

此外，随着行业竞争的日趋激烈和社会的不断变化，CQM方圆面临着更加复杂严峻的市场环境，需要不断创新服务模式，提升服务质量，以满足消费者日益增长的需求和期待。此外，数字化转型、智能化升级及积极倡导"走出去"战略等时代发展趋势，对认证行业也提出了新的要求，CQM方圆必须紧跟时代步伐，持续进行探索和改革，从而积极应对这些变化。

2. 企业状况

在此阶段，CQM方圆秉承"简单信任、放心选择"的服务理念，践行"选择了方圆，就选择了信任"的使命，通过认证服务建立产品与消费者之间的可信连接，为消费者的幸福生活保驾护航。同时，积极承担社会责任，服务于社会大众。因此，在此阶段，CQM方圆逐渐成为社会大众心目中的"第一选择"，在社会上享有良好的品牌影响力，故此阶段为公众品牌阶段。

此外，CQM方圆已经发展成一个成熟且具有深厚行业积累的技术服务机构，不仅积累了丰富的行业经验，还形成了一套符合自身发展的产业理论，这些宝贵的知识资产是CQM方圆在激烈的市场竞争中保持优势的关键。然而，CQM方圆需进一步将认证工作深入高质量发展的各个领域，提高服务的专业化，采用系统化思维解决客户存在的问题。同时，CQM方圆自身仍需要不断进行自我革新和理论创新，深化标准认证协同的理论

---

[1] 国家市场监督管理总局认证监督管理司.中国质量认证40年[M].北京：中国工商出版社，2021.

与应用，以适应不断变化的市场需求和社会发展趋势。

基于当前现状，CQM方圆领导层意识到，要在拓宽服务领域基础上深耕专业化产品群，形成CQM方圆独特的专业化布局。同时，需要将CQM方圆在理论与实践中的行业知识和经验进行系统的总结和凝练，将标准认证协同形成一套可复制、可推广的理论和实践体系。这种知识体系不仅能够指导CQM方圆内部的持续发展和创新，还能够在整个认证行业内进行推广和应用，从而推动整个行业的进步。

（二）CQM方圆的探索

在公众品牌阶段，CQM方圆深入贯彻党中央、国务院对质量认证工作所部署的宏伟蓝图，结合行业的发展形势，开启了标准认证协同的新篇章。这一时期，CQM方圆以深厚的行业经验和前瞻性的产业理论为基础，致力于推动标准认证协同的实践和理论创新与升级。

一方面，CQM方圆不断拓宽服务领域，进行专业化深耕。CQM方圆加快体系认证新产品研发，致力于推出与国家制造强国战略和新发展格局相匹配的认证体系。另外，依托自身在认证领域的专业优势，不断深化与各行业合作伙伴的关系，积极拓展新的认证服务领域，不断开发增值服务产品，提升服务能力，通过提供更加个性化和差异化的服务，不断满足市场对高标准认证服务的迫切需求。新研发的产品和服务覆盖了传统制造业，并拓展至智能制造、绿色低碳等新兴领域，体现了CQM方圆对行业发展趋势的敏锐洞察和快速响应能力，提升了客户服务体验，也为公司创造了新的收入来源，增强了企业的盈利能力。

另一方面，CQM方圆在理论创新与实践方面进行了深入的思考和总结，结合高质量发展的时代背景与CQM方圆自身业务发展需要，将产业发展、绿色经济、国际合作等时代发展需求融入标准认证协同理论中，创造性地提出了"标准·认证＋"的协同服务理论。这一理论强调了以标准认证协同为核心，基于市场的客观需求，发挥"＋"的连接功能，综合运用各种要素资源，为各企业和各行业的发展提供了一体化的理论方案。

此外，通过内部培训、行业交流、论坛研讨等多种形式，将 CQM 方圆自身的行业理解和实践经验传递给员工、合作伙伴及更广泛的社会群体，构建了一个更加开放、共享和协同的标准认证行业生态。

综上所述，CQM 方圆在公众品牌阶段，通过加快体系认证新产品研发、拓展新兴服务领域、开发增值服务产品和理论提升等一系列举措，充分发挥了标准认证协同的突出作用，在标准认证协同的探索过程中迈出了坚实的步伐，实现了 CQM 方圆的转型升级和创新发展，为推动经济社会高质量发展贡献了积极力量。

（三）探索成效

在公众品牌阶段，CQM 方圆紧扣国家"十四五"规划的战略目标及《2035 年远景目标纲要》等一系列政策纲要，积极适应数智化、绿色化及国际化的行业发展趋势。通过组织变革、品牌升级与理论创新等一系列举措，CQM 方圆成功实现了从综合性机构向专业化机构的转型，并创新性地提出了"标准·认证+"理论。具体成效如下。

首先，CQM 方圆的业绩增长效果显著。在此期间，营业收入增长近 83%，同期增长 20%，现有 37 家分支机构，1400 余名专职人员，6000 余名专兼职审核员、检查员及技术专家。CQM 方圆获得了首批"零碳工厂"授权评价服务机构、温室气体审定与核查机构认可资质、节能诊断服务入选工信部工业节能诊断典型案例、"小微企业质量管理体系认证提升行动"工作突出认证机构等多项荣誉及资质。

其次，CQM 方圆内部通过"量子管理""人单合一"等先进管理方法，深耕专业化产品线和大单品，进行专业化双轨制业务变革。在绿碳、农食、防爆等领域取得了突破，初步形成了专业化的服务布局。CQM 方圆发布了年份酒、零碳工厂、零碳旅游景区、零碳乡村和无抗鸡蛋等全国首张认证证书，这些举措大大增强了企业在特定领域的竞争力，并为 CQM 方圆带来了新的增长点和更高的市场认可度。

再次，"标准·认证+"理论已初步形成，并获得国家版权局颁发的著作权登记证书。CQM方圆通过促进标准制定与认证服务相协同，高效连接各种资源要素，构建了面向市场需求的一体化解决方案，为客户提供了更加全面和深入的服务，增强了企业的市场适应性和服务能力。此外，标准和认证协同价值转化机制的初步形成，使CQM方圆能够更有效地将标准认证工作转化为商业价值和社会效益，提升了企业的盈利能力和行业影响力。在CCAA发布的认证机构高质量发展报告中，CQM方圆在认证质量、创新、社会责任和信誉、品牌、效益等评价结果中均名列前茅。

最后，CQM方圆的探索和实践，对经济社会高质量发展也产生了积极影响。专业化布局的形成，为相关产业提供了高标准的认证服务，推动了产业的规范化和高质量发展。而"标准·认证+"理论的提出和应用，为认证市场提供了一套科学的、系统的解决方案，为各行业高质量发展提供了一体化的实施思路。标准和认证协同的价值转化机制，促进了认证行业与经济社会各领域的深度融合，为经济社会的创新驱动和转型发展提供了动力，推动了全社会的价值共创。通过这些探索，CQM方圆不仅实现了自身的转型升级，也为推动社会经济的高质量发展贡献了"方圆力量"。

第三章

"标准·认证+"理论

标准和认证作为引领经济社会发展的重要支撑，已成为推进高质量发展的重要工具。标准不仅为产品、服务和管理体系提供了统一的技术规范，而且为市场的规范运行提供了重要保障。认证作为保障标准执行的手段，确保了市场的信任和安全。当标准与认证有效协同时，它们可以形成强大的合力，为各行业提供更加精准、高效的高质量发展方案。

然而，随着市场需求的多样化和经济环境的复杂化，单纯依靠标准与认证的传统模式已难以应对新的挑战。并且，随着CQM方圆自身的持续深入发展，不断总结新时代以来跨越式发展的巨大成绩和行业经验，逐渐形成了面向市场需求，以标准认证协同为核心，并高效连接各种要素的一体化服务方案，因此，"标准·认证＋"理论顺势而生。这一理论不仅强调了标准与认证协同的必要性，还通过"＋"的理念，将更多的要素和资源整合进这一体系，如新理念技术、新资源要素、新产业等，从而形成更加开放、灵活和系统的高质量发展模式。

"标准·认证＋"理论的提出，不仅是对传统标准认证模式的创新，也是适应时代发展、推动各行业高质量发展的必然选择。本章将深入探讨这一理论的内涵、特性及其在实际应用中的价值创造机理，为全社会全面理解和应用这一理论提供理论支持和应用指导。

第一节　"标准·认证+"理论

"标准·认证+"理论，是面向市场需求，以标准为基础，认证为手段，标准认证协同为核心，并高效连接各种资源要素、新理念技术、产业链网络及时空形态的"N维向量……"，促进各行业高质量发展的一体化协同服务理论。该理论，旨在通过"标准引领发展，认证传递信任"，强调标准与认证的协同在推动产业高质量发展中的关键作用，并发挥"+"的连接效应，实现标准认证协同主导下的资源、技术、业态的协调、互促及转化，从而发挥技术、生产、贸易的三重属性，贯通生产、分配、流通、消费等各环节，共同为各行业的高质量发展提供一体化的解决方案。"标准·认证+"理论的概念模型如图3-1所示。

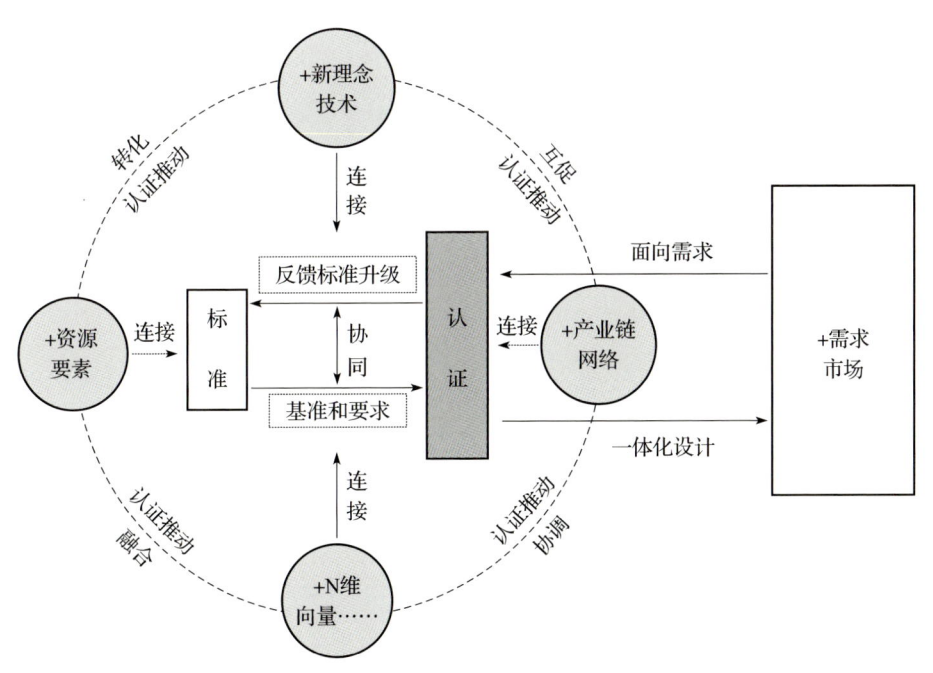

图3-1　"标准·认证+"理论的概念模型

一、"·"的内涵

1. 协同

符号"·"体现了标准和认证之间的协同。这种协同是指标准的升级为产品或服务的高端品质认证提供了基准和要求，而认证的反馈又能进一步促进原有标准的更新迭代，标准与认证之间相互促进。这种协同效应，为标准认证体系的可持续发展提供内生动能，共同推动标准认证体系价值的螺旋式上升。

2. 关联

符号"·"体现了标准与认证之间的关联。这种关联是指在标准为认证提供法理基础之后，再通过认证确保标准的实施和执行，二者紧密关联，使标准与认证这两种行为呈现连贯性、一致性。通过这种关联，标准和认证形成了一体化的标准认证体系，使其在面向市场需求时，能够紧密联系在一起，形成一体化的服务设计。

3. 交叉

符号"·"体现了标准和认证之间的交叉影响。这种交叉是指标准和认证在内容上相互交叉、相互影响，即新制定的标准汲取了认证反馈的"积极因子"，而认证的实施内容也包含标准的内涵和要求。二者内容上的交叉影响，使标准和认证在实际工作中不能完全各自独立，需要相互依赖。

4. 融合

符号"·"体现了标准和认证的融合性。符号"·"革除了传统标准体系与传统认证体系割裂的弊端，融合了标准与认证各自的优势，打造了更符合实践要求的新型标准认证系统。这个系统的核心要素是标准与认证，而认证作为核心动力促进标准与认证在系统中不断发生"量子纠缠"，持续推动标准认证系统中各元素的演化、融合与迭代。此外，这种融合性体现在标准与认证的作用过程是融合发力，系统化设计与实施。

5. 互补

符号"·"体现了标准和认证的互补。标准和认证之间互为补充，相辅相成。高标准弥补了高端品质认证缺乏的基本依据，而认证弥补了标准升级所缺乏的内在动力和外在要求。二者的互补关系使标准与认证在具体实践过程中，能够互相支撑，相辅相成，从而使标准认证的实践机制更加完善和可靠，帮助组织建立起有效的标准认证体系与质量管理体系。

二、"+"的内涵

1. 连接

符号"+"体现了连接的作用。其连接的元素包括需求市场、资源要素、新理念技术、产业链网络，以及时空形态的"N 维向量……"。

其中，需求市场是"标准·认证+"理论的应用场景，连接需求市场是为了更好地发挥"标准·认证+"理论与市场应用的协同，从而实现供给侧与需求侧的协同；而资源要素、新理念技术及产业链网络等元素是由新质生产力的三个催生因素衍生形成的，新质生产力形成的三个催生因素即生产要素创新性配置、技术革命性突破、产业深度转型升级，而连接这三个元素，能够通过标准认证的协同，快速带动新质生产力的形成，从而助力高质量发展；时空形态的"N 维向量……"是"标准·认证+"理论的拓展项。连接元素"+"的具体含义如下。

一是连接需求市场。与需求市场的连接，存在以下两个层面。其一是源自市场，市场对高端品质的需求，进一步倒逼原有标准认证体系的改革升级，催生新质标准认证体系，实现更高端的品质供给。而连接需求市场，能够直接面对企业现实问题和市场需求，并进行综合化的考虑和一体化的实施，促进理论与应用的协同，以及供给端与需求端的协同。其二是面向市场，结合市场需求及行业发展趋势，升级和改革原有标准体系，并在新一轮先进标准的认证推动下，高效运用各种资源要素等，为市场的迫切要求和企业突出问题提供一体化全方位的服务方案设计。

二是连接资源要素。与资源要素的连接，即整合各种资源，灵活调动各种生产要素，有效发挥标准认证的协同带动效应，实现资源要素的创新配置与高效利用，从而提高组织生产效率和市场竞争力。

三是连接新理念技术。与新理念技术的连接，是"标准·认证+"理论保持创新活力的内在保障。其存在以下两个层面。第一个层面是连接新理念，即及时吸收和运用时代发展中产生的新的思想和理念，比如"标准化""产业化""品牌化""数字化""绿色化""国际化"等理念；第二个层面是连接新技术，即不断地吸收和运用市场中产生的前沿技术，如人工智能技术、大数据技术等。通过连接各种新理念和前沿技术，将新理念和新技术融入标准与认证体系的制定与升级过程中，推动标准的创新升级，从而引领组织持续创新，不断适应市场变化和技术进步。

四是连接产业链网络。与产业链网络的连接存在两个维度，其一是产业链上下游的协同统一。通过标准认证带动核心企业创新发展，并通过上下游的协同联动，促进核心企业创新价值在产业链的传播带动。其二是产业链横向引领带动。通过标准认证的协同，形成有效的创新引领与质量提升机制，帮助企业形成规模化、集约化的链主企业，在同行间形成竞争力，起到标杆引领作用，发挥其横向引领带动作用。连接产业链网络，通过纵向协同和横向引领，全方位促进产业链的升级转型。

五是连接"N维向量……"。"N维向量……"是具有时空概念的"拓展项"，是"标准·认证+"理论具备开放性和可持续性的根本保障。通过连接"N维时空"的各种要素、意识及物质形态，不断丰富"标准·认证+"理论的时代要义与精神内涵。一方面，在"N维空间"上，使"标准·认证+"理论不断地吸收和运用各种资源要素，提升理论本身的广度与深度；另一方面，在"N维时间"上，随着时间的不断变化，不断汲取先进的时代元素，能够实现理论自身的不断迭代，实现可持续发展。"N维向量……"的连接，为"标准·认证+"理论提供了一个多维度、可持续的发展框架。

2. 传递

此外，符号"+"体现了传递的作用。符号"+"所体现的传递主要包括两个维度。维度一是产品传递，即将供给侧"可证明"的高品质产品精准触达给消费者。通过符号"+"的运用，能够将标准与认证协同打造的高端产品，借助各种资源、新理念技术等，精准地传递给市场中的消费者，让消费者精准地感受来自供给侧的高品质产品。维度二是信任传递，即在供给端与消费端之间，建立可信任的连接，向消费者传递品质理念。市场的日益发展，品类的日益丰富，给消费者带来多元的产品供给，但同时也增加了消费者的筛选成本。而通过符号"+"的运用，能够将通过认证的高端品质信息有效传递给市场，帮助组织建立生产端与消费端之间的可信连接，增强消费者对产品或服务的信任感，进而建立起消费者对品牌的认可和忠诚度。

第二节 "标准·认证+"理论的基本特性

一、"标准·认证+"理念的协同性

协同性是"标准·认证+"理论的核心特性，其体现了"标准·认证+"各元素之间协同提升、互相促进的作用过程。

首先，是标准与认证的协同。标准的升级为高端品质认证提供基础依据和要求，推动了认证体系的高端化，在认证的具体实践中，基于市场需求的反馈，又能进一步倒逼标准的升级，促进标准体系的革新，而标准与认证的协同，共同推进标准认证价值的螺旋式上升。

其次，标准认证的协同带动连接元素的协同，实现资源、技术及业态的协同转化。"标准·认证+"理论，在以标准认证协同为核心的基础上，通过"+"的连接，高效地连接各种资源要素、新理念技术、产业链网络及时空形态的"N维向量……"，在标准引领和认证推动的共同作用下，促进了各种连接元素的协调、互促及转化，最终，实现连接元素在资源、技术及业态的三个状态下的相互协同。

最后，"标准·认证+"实现了需求、理论及价值创造的三方协同。"标准·认证+"理论是面向市场需求，以标准为引领，认证为手段，高效运用各种资源要素的一体化服务理论。"标准·认证+"的服务逻辑和思路来自市场，并最终应用于市场，实现了供给侧与需求侧在"标准·认证+"这一核心理论点上的高度协同。此外，"标准·认证+"理论产生的最终成效，不仅满足于具体的市场需求，更进一步地为整个社会创造价值，实现需求、理论及价值创造的高度转化。

综上，"标准·认证+"理论以标准与认证的协同为核心，带动连接元素的协同转化，最终实现了需求、理论及价值创造的高度协同。这种协同性，能够针对市场需求，提供一体化的服务方案，提升标准认证体系对于市场需求与现实问题的敏捷性和处置效率，提高整体产业的发展效率，推动产业的健康发展。

二、"标准·认证+"理论的系统性

系统性是"标准·认证+"理论的重要特性之一。系统性主要包含两个层面：一是指"标准·认证+"本质上是一个理论的系统，系统内的各元素相互转化、系统发力；二是指"标准·认证+"理论是系统化的价值创造过程。

一方面，"标准·认证+"本质上是指导实践方案实施的一体化理论系统。这个理论系统的基础是标准，系统内要素转化机制是标准与认证的协同。此外，包括连接的各种资源要素、新理念技术、产业链网络及时空形态的"N维向量……"，共同构成了"标准·认证+"理论系统生态。该理论系统以标准为引领，认证为内在动力，标准认证协同推动系统内部的各元素相互协调、融合和转化，系统发力，一体化指导实践方案的实施。

另一方面，"标准·认证+"理论的价值作用过程是系统化的。"标准·认证+"理论系统化的价值作用过程总体分为三个阶段：一是系统识别阶段，即将服务对象看作一个子系统，分析服务对象子系统中存在的内部要素与外部环境，识别服务对象面临的突出问题和现实需求，并进行问题诊断；二是系统优化阶段，依据服务对象的具体情况与现实需求，运用"标准·认证+"理论子系统进行协同优化，通过以标准升级为引领，认证为实施手段，标准认证协同为转化机制，连接各种资源要素，为服务对象设计出系统性的一体化优化方案；三是系统实施阶段，在"标准·认证+"设计出面向市场需求的系统性优化方案后，再通过"顶层设计⟵⟶方案实施⟵⟶过程监督⟵⟶价值测算⟵⟶反馈评价"进行一体化系统性的实施。而经过"系统识别→系统优化→系统实施"的三个阶段，共同推动形成了"标准·认证+"的系统化价值作用过程。

综上，"标准·认证+"理论本身的系统性结构及系统化的作用过程，共同决定了"标准·认证+"理论的系统性。这种系统性，在以标准认证协同为引领，各种要素灵活运用的框架下，为现实问题的解决提供一种系统化的分析范式，为组织可持续创新提供了内在的动力机制，并为各行业提供了一种综合性、系统性的发展路径，促进了整个产业链的高质量和可持续发展。

三、"标准·认证+"理论的开放性

"标准·认证+"理论的开放性体现在其强大的连接能力上，这种理论框架不仅将标准和认证的协同作为核心要素，更是通过"+"的连接效应，高效地连接了需求市场、资源要素、新理念技术、产业链网络及时空形态的"N维向量……"，实现理论本身的多维度开放与融合。

首先，"标准·认证+"理论的开放性表现在其与需求市场的连接。这种连接，一方面，不仅能够及时掌握市场的信息资源、需求动态及发展趋势，为"标准·认证+"理论的发展融合了更多的信息优势；另一方面，还能积极开拓新的市场、新的领域，为"标准·认证+"理论提供更广泛的应用场景。

其次，"标准·认证+"理论的开放性表现在其与各种资源要素的连接。这种连接，使得"标准·认证+"理论不局限于某一特定领域，而是可以整合和利用各种资源，包括人力资源、物质资源、信息资源等，形成资源共享和优化利用的开放模式，提升组织的整体竞争力。

再次，"标准·认证+"理论的开放性表现在其与各种新理念技术的连接。这种连接，使得企业和行业能够及时应对科技发展的变化和挑战，无论是人工智能、大数据、云计算等，还是物联网等新兴技术，都可以与标准认证体系相结合，推动组织实现数智化的转型和升级。

又次，"标准·认证+"理论的开放性表现在其与产业链网络的连接。这种连接，一方面，通过与产业链上下游的企业合作，共同推动产业链整体标准化和规范化的进程，实现产业链的整体优化与协同发展；另一方面，与横向同行业者的连接，则促进了行业内部的信息交流和合作，推动整个行业向更高水平迈进。

最后，"标准·认证+"理论的开放性表现在其与时空形态的"N维向量……"的连接。这种连接，在空间维度上，能够不断地吸收和运用"N维空间"的各种元素、意识及物质形态，提升理论本身的广度和深度。在时间维度上，能随着时间的不断变化，汲取"N维时间"上的先进时代元素，能够实现理论自身的不断迭代和可持续发展。这种"N维向量……"的连接，为"标准·认证+"理论，提供一种开放性和复合型的发展框架。

综上所述，"标准·认证+"理论，以其强大的协同能力和灵活连接各种要素和形态的能力，共同决定了理论本身的开放性、包容性。这种理论，能够针对市场中的突出问题和发展瓶颈，提供一种开放性、多样化的解决方案，为企业和整个行业提供一种开放性、多元化的发展路径，推动整个产业的高质量发展。

四、"标准·认证+"理论的科学性

与传统的标准认证体系相比，"标准·认证+"理论是具备科学范式思维的理论体系。

首先，在标准制定的思路上，"标准·认证+"理论展现出其先进性。传统标准制定是由供给侧推动，从生产过程中形成标准的基础思路，但"标准·认证+"的理论有所不同，其更多是通过认证手段，结合市场需求，由需求侧倒逼标准的制定和升级，其标准制定的思路直接来自市场和需求侧，这极大地增加了理论对市场的敏捷性。

其次，认证在"标准·认证+"理论中发挥的作用更全面。传统认证体系更多的是确保标准的实施，是促进标准施行的强制性手段，但"标准·认证+"理论有所不同，其认证不仅可以促进标准施行，同时也是倒逼标准升级的途径。结合市场需求与组织战略目标进行高端品质认证，保障产品或服务的高质量，并向消费者传递品质信息，有助于在企业与消费者之间、供给侧与需求侧之间建立可信连接。

再次，"标准·认证+"理论除了核心的标准与认证协同促进之外，还能高效连接需求市场、资源要素、新理念技术、产业链网络及时空形态的"N维向量……"等各种元素，共同形成了面向市场需求，全方位一体化促进各行业高质量发展的综合性方案，展现了其系统性和综合性。

最后，"标准·认证+"理论，无论是从形成的过程，发挥的作用，以及产生的综合价值方面，都比传统的标准认证体系具有更强的先进性和科学性，是在传统体系基础上的一次重大创新。其结合当前的时代要求和市场需求，能够为各企业及行业高质量发展提供更科学的演进路径。

五、"标准·认证+"理论的应用性

应用性是指"标准·认证+"理论是可操作、可复制和可推广的规范性理论。

一是可操作性。"标准·认证+"理论是一套完整的品牌及产业高质量发展的复合思想，包含完备的标准认证模式、品牌增长模式、产业发展模式等，在"标准·认证+"理论的具体应用过程中，具有详细的实施过程、明确的操作步骤、清晰的品牌及产业发展方案。例如，帮助客户制定清晰的"标准·认证+"流程和操作指南，使理论实施过程规范化和透明化，客户能够清晰地了解理论的要求和流程。此外，业务服务团队具备专业知识和丰富经验，均具有深厚的行业一线从业经验，能够为客户提供个性化的认证方案和指导，帮助客户顺利通过认证过程，解决发展中的现实问题。

二是可复制性。"标准·认证+"理论是CQM方圆深耕认证行业30年的宝贵经验提炼而成，其理论精髓来自行业的发展积淀，更符合大多数行业的发展需求。此外，"标准·认证+"理论的实施方案、思路来自市场，符合当前市场中多数行业发展的症结所在。而标准本身作为载体是可以被广泛学习和参考的，认证也是一种具有普适性的手段，并且基于"标准·认证+"理论做出的实践方案是明确且详尽的。而基于"标准·认证+"理论，一体化全方位帮助企业建立标准化的业务流程和业务标准，能够确保每一次业务服务都能够按照同样的标准和要求进行，并在认证的推动下，促进标准作用效果的"固化"，共同推动标准认证的协同价值在企业间复制和转化。

三是可推广性。"标准·认证+"理论实现了标准和认证的有机结合，既考虑了标准的制定和推广，又重视了认证的实施和监督，能够全面覆盖标准体系建设的各个环节，适用范围广泛。并且"标准·认证+"理论能够面向企业和行业中的具体问题提出一体化解决方案，其本身就具有较强的应用价值，是各企业及行业所迫切需要的基础理论。此外，"标准·认证+"是面向市场需求而进行的定制化设计，并灵活协同各种资源要素，形成综合发力的创新引擎，能够不断适应市场和行业的变化，具有较强的迭代和传播功能。以上这些突出特点，共同造就了该理论在市场中的可推广性。

综上，"标准·认证+"理论从可操作、可复制和可推广三个层面，发挥理论的应用价值。将"标准·认证+"的理论精髓精准地传递给各企业及行业，促进CQM方圆的创新成果形成产业化应用，推动标准认证创新价值的最大化，一体化促进各行业的共同提升和可持续发展。

第三节 "标准·认证+"理论的价值创造机理

"标准·认证+"的价值实现模式，是标准制定和品质认证的协同融合，并连接需求市场、资源要素、新理念技术、产业链网络及时空形态的"N 维向量……"，是基于提高效益、实现价值的目的而开展的多维度合作，是以标准为引领、认证为手段，标准认证协同为核心的一体化综合性的价值创造过程。因此，从产品价值实现、组织价值实现及价值实现方式等维度，剖析价值创造的过程，借鉴产品生命周期理论、第二曲线理论及价值链理论等管理学经典理论，深入阐述"标准·认证+"的价值创造机理。

一、产品生命周期理论视角下"标准·认证+"理论的价值创造机理

（一）产品生命周期理论的基本观点

产品生命周期理论是美国哈佛大学教授雷蒙德·弗农（Raymond Vernon）1966 年在其《产品周期中的国际投资与国际贸易》一文中首次提出的，其系统阐述了企业中的新产品，从开始进入市场到被市场淘汰的整个过程[①]。产品生命周期理论的基本观点是：①产品的生命和人的生命一样，要经历一个形成、成长、成熟和衰退的阶段；②不同的技术水平，能够改变上述周期中各阶段的发生时间和过程，从而影响产品在市场中的竞争地位。而典型的产品生命周期一般可以分为四个阶段：引入期、成长期、成熟期和衰退期。

（二）产品生命周期理论视角下的"标准·认证+"理论新内涵

产品生命周期理论指出，不同的技术水平可以改变产品生命周期各阶

---

① Vernon, R. International Investment and International Trade in the Product Cycle[J]. Quarterly Journal of Economics, 1966, 80(2), 190-207.

段的发生时间和过程,从而影响产品在市场中的竞争地位。而"标准·认证+"理论,通过发挥标准与认证的高度协同,从供给推动(标准制定)与需求拉动(认证反馈)两个维度,升级产品技术标准和质量标准,并通过认证推动实施,从而提高产品的质量和技术水平。

此外,连接需求市场、资源要素、新理念技术、产业链网络及时空形态的"N维向量……",实现了标准引领下的资源、技术及业态协同转化,形成面向市场需求的一体化综合性协同服务体系。借助这种体系,帮助组织进一步打造集资源优化配置、生产全要素创新引入、产业转型升级、创新与技术研发及全过程质量提升监管的新发展机制与协同框架。通过这些新要素、新技术、新机制的协同引入,改变了产品生命周期的发生时间和过程,加快传统产品的价值转化和形成增长新动能,加速全新产品生命周期的跨越与变革,推动全新的产业发展模式变革,从而帮助组织实现社会价值。

(三)产品生命周期理论视角下"标准·认证+"理论价值创造机制

产品生命周期视角下"标准·认证+"的价值创造机制如图3-2所示。

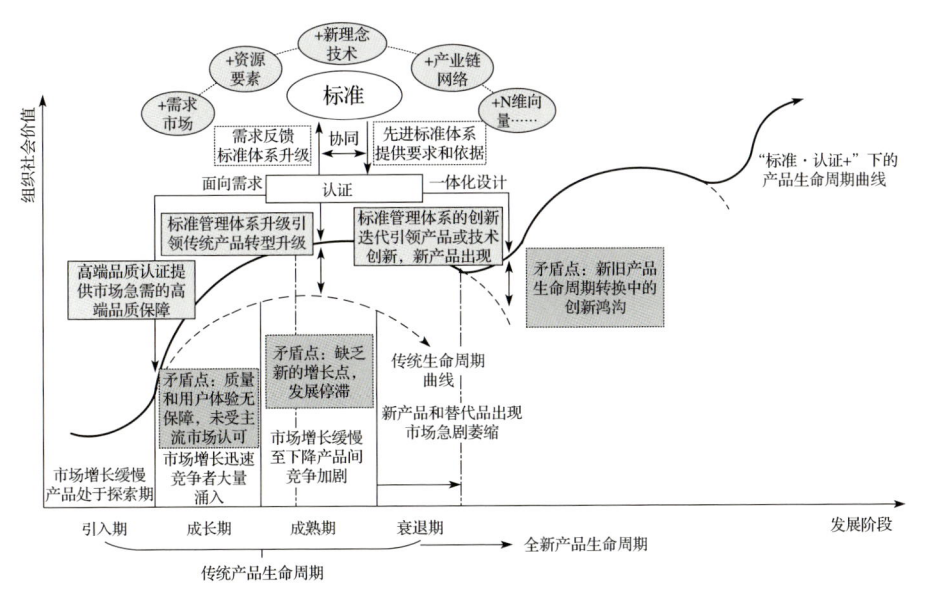

图3-2 产品生命周期视角下"标准·认证+"的价值创造机制

（四）产品生命周期理论视角下"标准·认证+"理论价值创造机理

1."标准·认证+"理论贯穿产品生命周期的价值实现全过程

"标准·认证+"理论，面向产品发展的阶段性问题，以标准为引领、认证为手段，标准认证协同为核心，并高效连接各种资源，获得了对产品生命周期演变过程的二次投入，实现对企业产品生命周期全过程的拉动抬升效应，从而推动产品在质量和效益等方面实现全过程的突破。根据产品生命周期发展的四个阶段，"标准·认证+"理论的价值作用过程如下。

引入期（Introduction）：此阶段是产品进入市场的初期，仍处于探索阶段，产品的生产规模小，难以受到消费者的广泛关注。"标准·认证+"理论，在帮助初创型产品进行认证的过程中，基于产品的创新设计不足、个性化差异不显著等问题，并结合产品细分领域的特点，重新审视现有的产品、服务和流程。制定和更新现有标准，并在认证的推动下，推动产品进行个性化创新，以便进入市场后能迅速吸引消费者的广泛关注，提升市场占有率，以此扩大产品规模。

成长期（Growth）：此阶段是产品已经初步被市场所接受的阶段。但随着产品日益增长的需求，组织开始进行规模化生产，容易造成"重量而轻质"的问题，产品质量和用户体验无保障，难以得到主流市场的认可。"标准·认证+"理论，针对市场的客观要求和用户的反馈，在认证过程中帮助组织不断升级和改革现有的产品标准，保障产品质量和用户体验，并通过认证向消费者传递高端的品质信息，解决了成长期产品质量低下与市场认可的问题，进一步促进产品的规模化发展。

成熟期（Maturity）：此阶段是产品发展较为成熟的阶段，但产品自身缺乏新的增长点，同时面临新进入者的不断竞争，导致产品自身的有效竞争力不足。"标准·认证+"理论，通过更新和改进现有标准，持续提升产品的质量和性能，并利用"+"连接的理念，在标准认证协同的引领下，帮助企业整合资源，优化供应链，提高运营效率，同时探索新的市场需求和技术革新，以维持产品的竞争力。

衰退期（Decline）：当产品进入衰退期，产品自身的性能和质量水平已经难以满足当前的市场需求，产品即将被市场淘汰。"标准·认证+"理论，针对当前的市场需求，帮助企业重新制定新一轮的产品标准，实现企业产品标准的新一轮迭代，并在认证的推动下，发挥理论的协同和连接优势，实现产品的整体升级和转型，或开发新产品，以应对市场的变化，从而帮助组织实现产品社会价值的可持续增长。

2. "标准·认证+"理论实现传统产品生命周期价值的再提升

在传统产品生命周期中，有两个关键节点，能够影响产品生命周期的演变轨迹。一是在成长期，日益增长的产品需求，使产品开始规模化生产，企业容易出现"重量而轻质"的现象，即过分追求产品的数量以迎合市场的需求，从而轻视了产品的品质与用户体验；二是在成熟期，产品自身发展较为完备，在市场中处于引领性地位，缺乏进一步增长的"动力器"和"参照物"，使产品缺乏整体性增长的突破点。此外，不断面临市场中新进入者的威胁，产品价值的实现空间进一步压缩。而"标准·认证+"理论，通过标准引领，标准认证协同推进，并发挥"+"的连接效应，一体化解决当前两个关键阶段的突出问题，从而影响产品生命周期的演变轨迹。

首先，针对成长期的矛盾，"标准·认证+"理论在认证过程中，考虑市场关于产品品质和用户体验的强烈需求，重新制定或更新原有标准，并通过标准化的生产流程和质量管理体系，确保产品在推向市场时已经满足了既定的质量标准，减少质量和用户体验的问题。同时，认证机制作为独立第三方的服务机构，将经过认证的品质信息，精准地传递给消费者，为消费者提供了额外的信心保障，在产品和市场中建立可信的连接。这有助于产品快速建立品牌信誉，加速市场接受过程。

其次，针对成熟期的矛盾，在认证过程中，"标准·认证+"理论，针对产品的发展瓶颈和市场的现实情况，不断升级固有的标准。在认证的推动下，以此不断优化产品固有性能，推动产品的升级与转型。此外，发挥"+"连接效应，企业还可以整合市场资源，探索新的应用场景和市场需求，开发新的产品功能或服务，为产品注入新的增长动力。

通过标准和认证的协同及"+"连接效应，能够帮助产品或服务进行持续改进和创新，不仅加速了产品在成长期的价值实现进程，也为产品在进入衰退期前（成熟期），创造了更多的价值实现机会。例如，产品升级或转型，开发新的产品线或新市场等，从而延缓衰退期的发生时间。而"标准·认证+"理论，帮助企业实现传统产品生命周期的价值再提升，并延长了产品的成熟期，延缓了产品的衰退期，从而促进产品价值实现区间的延展，帮助组织产品社会价值再创造。

3. "标准·认证+"理论引领全新的产品生命周期

"标准·认证+"理论在产品生命周期的新旧转换中发挥着核心作用，其以标准为引领，发挥标准认证的协同和"+"的连接效应，一体化促进技术创新及产品结构的升级转型，帮企业实现从传统产品生命周期到新产品生命周期的顺利过渡。

在传统产品生命周期的衰退阶段，在认证过程中，"标准·认证+"理论，基于市场的现实情况，帮助企业重新审视市场和技术发展趋势，然后更新或制定新的标准，而这些新标准反映了最新的市场趋势、消费者需求、环保要求和安全规范，为产品创新提供了方向。通过认证，帮助企业识别传统产品中的可延续元素，并提炼出创新点，同时为新产品的市场接受提供信任基础。此外，利用"+"连接的效应，整合新技术，如人工智能、大数据等，对产品进行技术升级，提升性能，拓展使用场景。同时，探索新的业务模式和组织结构，建立创新团队，采用敏捷的开发流程，或与外部合作伙伴建立联盟，以适应市场变化。通过"标准·认证+"理论的一体化应用，为新产品的生产提供了新技术、新模式和新要素，创造了优越的创新环境和市场基础。

因此，在整个新旧产品生命周期转换的过程中，通过以标准为基础，发挥标准认证的协同效应，并通过"+"高效连接各种资源、技术及业态，实现从新产品技术创新到产业化应用的一体化发展新框架。而"标准·认证+"理论的应用，也全方位一体化促进了新旧产品生命周期的迭代，实现了企业产品价值及社会价值的可持续增长。

二、第二曲线理论视角下"标准·认证+"理论价值创造机理

（一）第二曲线理论的基本观点

第二曲线理论概念由著名管理学家查尔斯·汉迪（Charles Handy）于1994年在《超越确定性：组织变革的观念》（*Beyond Certainty: The Changing Worlds of Organizations*）一书中首次提出，其本质思想是描述创新如何影响企业或经济体系的发展轨迹[1]。第二曲线理论有如下几个观点。①非连续性创新：企业或个人应在现有业务或生涯的增长曲线（第一曲线）达到极限之前，启动一个全新的增长曲线（第二曲线），以实现质的飞跃和持续发展。这种业务创新是独立于现有业务的，能够带来指数级的增长潜力。②创造性破坏：市场的本质在于不断地创新和破坏旧有模式。企业要想长期生存和繁荣，必须敢于自我革新，打破现有成功的模式，拥抱变革，以适应市场的变化和挑战。

（二）第二曲线理论视角下"标准·认证+"理论新内涵

"标准·认证+"理论为组织提供了一种在现有业务增长达到极限前，启动新增长曲线的系统化方法。它帮助组织在第一曲线成熟期，转变组织现有的管理模式和架构，开始探索和建立第二曲线，即新的增长领域，以实现对组织管理体系质的飞跃和持续发展。这一过程涉及对现有模式进行"创造性破坏"，敢于自我革新，拥抱变革。

"标准·认证+"理论的新内涵在于，它不仅确保现有业务的质量和

---

[1] Handy C. Beyond certainty: The changing worlds of organizations[M]. Brighton: Harvard Business Review Press, 1994.

市场信任，而且通过标准化流程和认证机制，以及与各种资源的有效连接，为第二曲线的启动和增长提供坚实的基础。在新旧曲线的过渡期，通过标准和认证的协同作用，升级现有标准体系，并在认证的推动下，将先进的标准体系引入企业的管理模式中，推动企业管理体系的创新变革。此外，利用"+"连接的效应，整合新技术、新资源和新业态，对产品和流程进行根本性创新，实现"创造性破坏"。"标准·认证+"理论在第二曲线框架下的应用，推动管理架构创新升级，为组织业务创新提供制度保障，并帮助组织在新旧生命周期的转换中实现持续的价值创造，为企业提供了一种全新的增长和发展路径。

（三）第二曲线理论视角下"标准·认证+"理论价值创造机制

第二曲线理论视角下"标准·认证+"的价值创造机制如图3-3所示。

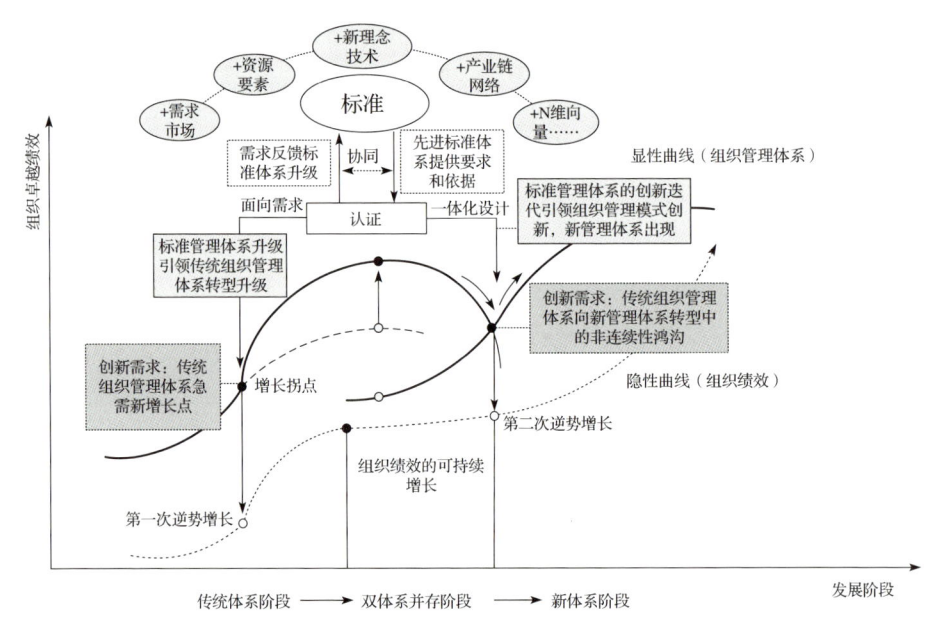

图3-3 第二曲线理论视角下"标准·认证+"的价值创造机制

（四）第二曲线理论视角下"标准·认证+"理论价值创造机理

1."标准·认证+"理论本质上是驱动组织创新的有效引擎

"标准·认证+"理论作为促进组织管理模式变革、推动组织创新的有效工具，其作用体现在多个关键方面。

首先，"标准·认证+"理论，在认证过程中，基于市场需求及组织发展中的突出问题，升级原有标准体系。在标准体系升级的基础上，通过组织管理体系认证，帮助组织实现自身管理体系的创新升级。

其次，通过组织管理体系认证，能够帮助组织建立更高端的标准化管理体系，进一步促进组织价值观和行为准则的内化，从而实现组织规范运营、流程优化，为创新提供了有序的组织环境和制度保障。此外，认证的过程本身就是对组织现有管理模式和产品服务的一次全面检验和优化过程，在通过认证的过程中，组织不断优化自身，同时也激发了组织成员的创新意识和积极性。

最后，"标准·认证+"理论发挥"+"的连接效应，鼓励组织将创新理念融入标准与认证体系中，包括连接新技术、新要素、新管理模式等方面的创新，以不断提升竞争优势和满足市场需求。这种综合的创新管理理念不仅能够促进组织内部创新，还有助于组织与外部环境的融合与协作，共同推动行业发展和创新进程。

因此，"标准·认证+"理论本质上是一种引领组织变革和创新的战略思维，为组织在激烈的竞争市场中具备持续竞争优势提供了有力支持。这种理论体系不仅局限于技术和流程的创新，更关注于组织文化、管理理念和战略等方面的创新，从而实现组织整体创新和可持续发展。

2."标准·认证+"理论激发传统组织管理体系增长新动能

"标准·认证+"理论通过引领传统组织管理体系升级，激发增长新动能的方式有以下几个方面。

首先，"标准·认证+"理论引领组织管理体系的变革，激发组织管理体系创新，打造了"模式新动能"。"标准·认证+"理论，在帮助组织做管理体系认证时,面向市场的客观要求及组织管理过程中的突出问题,升级和更新现有的标准体系。再通过认证,促进了组织管理体系的升级。这种升级不仅是对组织内标准化流程的调整,更意味着对组织内部整体流程、组织架构等的全面优化和革新,这种优化和革新促使组织摆脱传统管理的束缚,积极适应快速变化的市场环境,打破组织传统管理模式的边界,从而为自身发展提供管理模式上的新动能。

其次,"标准·认证+"理论引领组织管理体系思维的变革,激发组织管理理念的创新,打造了"理念新动能"。"标准·认证+"理论,在组织管理体系认证过程中,强调以标准为引领,发挥多维度协同的新思维。通过新理念、新思维的引入,能够帮助组织实现内部管理体系思维的变革和优化,从而为组织自身发展,提供管理理念上的新动能。

最后,"标准·认证+"理论发挥"·"的协同与"+"的连接效应,激发了组织管理资源的创新引入,打造了"资源转化新动能"。"标准·认证+"理论强调多维度的协同和连接作用。它通过标准的引领,在认证的推动下,要求组织与资源、技术及市场等方面进行紧密连接和协同合作,实现优势互补、资源共享,以应对竞争激烈的市场环境。这种协同和连接作用不仅在内部组织中体现,更体现在组织与外部环境之间的互动与合作,形成强大的创新合力,从而为组织自身发展,提供管理资源转化上的新动能。

总体而言,"标准·认证+"理论通过创新融合、体系优化和多方协同,引领传统组织管理体系从模式、理念到资源转化的全新升级,从而打造增长新动能。它不仅是一种理论框架,更是一种战略指导,帮助组织实现在变革中的持续创新,提升可持续发展能力。这种理论的引领作用使传统组织能够更加灵活应对市场变化,积极探索新的发展路径,并在竞争中保持领先地位。

3. "标准·认证+"理论填补新旧组织管理体系转型中的非连续性鸿沟

"标准·认证+"理论,推动传统组织管理体系向新管理体系转型并跨越非连续性鸿沟的关键在于创新驱动、体系优化、多元化协同合作和培育创新文化四个方面。

首先,"标准·认证+"理论强调创新驱动,鼓励组织在管理体系中融入新标准、新技术和新管理模式等创新元素,从而改变传统运营方式,打造更具竞争力和创新性的管理体系。

其次,在体系优化方面,"标准·认证+"理论通过标准认证协同,并基于市场需求和企业发展现状,促进了标准与认证体系的优化,实现更高效的标准化,这种优化使组织可以更加灵活、适应性更强地应对外部环境的挑战,再通过认证,实现管理体系的优化与升级。

再次,多元化协同合作也是该理论的重要内容之一。"标准·认证+"理论倡导组织在资源、技术及业态等多维度的高度协同,共同推动管理体系的创新与变革。通过与外部合作伙伴共享资源和信息,组织可以更快速地获取新知识、新技术,实现业务模式的创新和管理体系的转型。

最后,培育创新文化也是"标准·认证+"理论的核心内容之一。其鼓励组织营造开放、包容的创新氛围,激发员工的创造力和积极性,鼓励他们提出新观念、新想法,并为其提供实践机会。这种文化转变可以有效推动传统管理体系向新管理体系转型,使组织在变革中不断创新、持续发展,跨越非连续性鸿沟,实现管理体系的全面升级与优化。

三、价值链理论视角下"标准·认证+"理论价值创造机理

(一)价值链理论的基本观点

价值链理论(Value Chain)由迈克尔·波特(Michael E.Porter)于1985年首次提出[1],其基本观点有以下三个方面:①只有少数创造高附加值的环节才构成整个价值链的关键环节,掌握了关键环节才能成为这条价值链的治理者;②具有较大规模的企业则可以通过价值链上的关键环节

---

[1] Porter M.E. Competitive Advantage: Creating and Sustaining Superior Performance[M]. New York: Free Press, 1985.

（也就是核心能力）在相关行业中进行扩散和移植，从而提高企业的竞争优势；③当两个行业的价值链上的关键环节需要相同的通用型要素时，企业就将自己在一个行业中的核心能力扩散到另一个相关行业，使范围经济效应转化为范围经济优势。

（二）价值链理论视角下"标准·认证+"理论新内涵

"标准·认证+"理论为企业提供了一个系统的方法，来优化其价值链的各个环节以及核心环节打造，从而实现整体价值增值与竞争力提升。

首先，标准认证的协同，能够基于当前企业价值链的突出问题与市场需求，推动产品技术与管理模式的创新，为价值链打造内生增长新动能。

其次，标准认证帮助企业实现其价值链各个环节实现质量控制，确保产品的一致性与可靠性。"标准·认证+"理论，通过以标准为引领，发挥标准认证的协同效应和"+"的连接效应，能够促进资源要素的有效配置，实现生产全要素在价值链全环节的创新配置。

最后，"标准·认证+"理论发挥标准认证的协同效应，能够持续根据市场反馈和认证结果来优化价值链，实现价值链的持续发展和效率提升。

"标准·认证+"理论，通过不断推进价值链的创新驱动、要素创新配置及流程优化，帮助组织实现价值链的核心环节打造与价值增值，并将核心环节中的通用型要素（即标准认证协同）与价值扩散到其他相关行业，推动整个行业的发展，从而使范围经济效应转化为范围经济优势。

（三）价值链理论视角下"标准·认证+"理论价值创造机制

价值链视角下"标准·认证+"理论价值创造机制如图3-4所示。

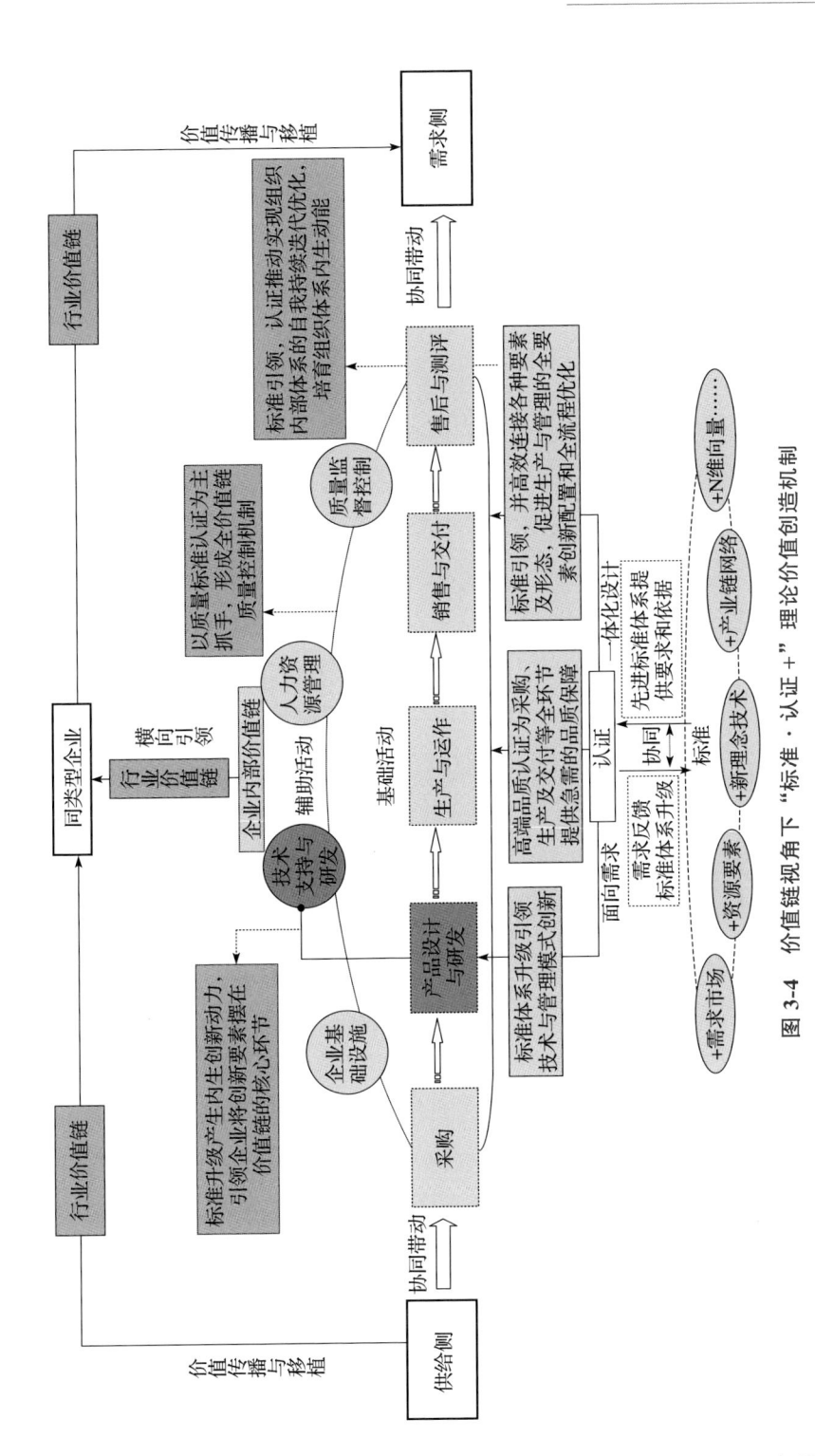

图 3-4 价值链视角下"标准·认证+"理论价值创造机制

（四）价值链理论视角下"标准·认证+"理论价值创造机理

1."标准·认证+"理论将创新牢牢摆在企业价值链的关键环节

在企业价值链中，产品设计与技术研发是核心环节，"标准·认证+"理论为此环节提供了系统的创新驱动方法，牢牢将创新摆在企业价值链的关键环节。

首先，产品设计阶段是企业创新的起点。"标准·认证+"理论帮助企业在进行产品认证过程中，针对企业现状及市场需求，更新和升级产品标准，满足企业和市场对产品质量和性能的高要求。通过认证，企业在产品设计阶段持续推进产品创新，以满足更新标准的要求。此外，利用"+"的连接效应，连接各种资源、技术及业态，为产品设计与研发提供技术支持与业态转化，为整体的产品设计提供良好的创新基础与外在环境。

其次，技术研发阶段是创新活动的技术支撑。在这一阶段，企业需要建立鼓励创新的管理体系和制度，为员工提供开放和包容的工作环境，促进知识分享和创意交流。"标准·认证+"理论通过发挥标准的引领作用，帮助企业构建以标准体系为核心的管理体系。在管理体系认证的过程中，针对企业管理体系中面临的一些突出问题，更新制定符合企业及市场需求的标准体系，并通过认证实施，推动组织管理体系的变革与升级。这种组织管理体系的升级，为企业管理体系创新提供了基础环境和现实需求，并在认证的推动下，促进了技术研发与支持。

最后，"标准·认证+"理论为企业产品设计与技术研发阶段的创新驱动提供了系统化解决方案。结合市场需求导向，以高标准引领，认证推动，并连接各种资源、技术及业态，实现技术、资源、理念及模式的融合，为产品设计和技术研发阶段提供了新要素、新技术和新模式，实现一体化促进，使企业在这些价值链的关键环节实现一体化创新驱动，提升企业核心竞争力，实现可持续发展。

2."标准·认证+"实现企业价值链的生产要素创新配置与流程优化

首先，"标准·认证+"理论通过高标准引领和认证推动，促进企业价值链的全要素创新配置。企业利用该理论，保障产品设计与研发严格遵循或超越行业标准，推动技术创新和质量提升。在技术支持与研发阶段，帮助企业引入新理念技术，促进跨学科、跨产业融合，加强知识管理和技术积累，构建持续创新动力。同时，帮助整合企业内外部资源，包括人才、资金、信息等，形成开放性创新生态，并以市场需求为导向，实现产品和服务的持续改进与创新。

"标准·认证+"理论通过标准认证的协同，为企业提供创新的生产要素配置方式。这种创新配置方式主要体现在以下两个方面。一是生产要素的创新引入。"标准·认证+"理论的协同性表明，标准认证的协同带动连接元素的协同，从而实现资源、技术及业态三者间的协同转化。即在认证反馈标准升级后（标准认证协同），为了使企业满足新一轮更高标准的要求，发挥"+"的连接效应，高效探索和连接各种外部的新资源、新技术、新理念等，实现生产要素的升级和创新，从而形成标准认证协同主导下的要素引入和转化新机制。二是优化生产要素在企业价值链上的流通。标准认证协同，能够帮助企业形成标准化的流程及明确改进目标，确保各环节高效协同，优化资源配置。

在流程优化方面，"标准·认证+"理论强调以市场需求引导标准和认证的创新，推动企业价值链的流程优化。企业根据市场反馈和认证结果，不断升级标准。通过新一轮先进标准的引领，不断调整和改进生产流程，提高响应速度，减少不必要的环节，降低运营成本等。此外，利用"+"的连接效应，通过整合产业链网络和资源要素，实现跨部门、跨组织的协同合作，提高流程效率，帮助企业实现价值链的全流程优化，提升企业的核心价值。

3. "标准·认证+"促进价值在行业价值链的传播与移植，实现范围经济优势转化

"标准·认证+"理论，通过帮助企业打造内部价值链的核心环节及价值链的综合价值提升，帮助企业快速成长为行业规模企业，实现企业价值在全行业的传播与移植，为行业价值的增长和可持续发展提供竞争力。

首先,"标准·认证+"理论帮助企业实现规模化,打造价值传播的"蓄水池"。在认证过程中,通过标准的引领和"+"的连接效应,针对企业价值链的突出问题,提供一体化的解决方案。帮助企业实现内部价值链核心环节的打造,并通过创新驱动、生产要素的创新配置及全流程优化,实现企业价值链的价值增值与延展,加速企业发展成行业规模企业。

其次,"标准·认证+"理论推动规模企业核心价值的纵向协同。该理论面向企业的现实问题及市场客观需求,以标准为引领,认证推动实施,并连接各种资源要素和产业链网络等,帮助企业优化自身供应链,提高整个供应链的处置效率和响应速度。例如,企业通过高标准的实施,引导上游供应商提高原材料和零部件的质量,通过认证确保下游分销商和零售商的服务标准,从而在整个产业链中形成协同效应。这种协同不仅提升了企业自身的价值,也促进了价值在整个行业价值链的传播和移植,使整个上下游产业能够更有效地利用资源,降低成本,并提高市场响应速度,最终在整个市场中建立起竞争优势。

最后,"标准·认证+"理论推动规模企业核心价值的横向带动。该理论帮助规模企业通过高标准和认证实施,成为行业内的标杆,引领同类型企业向"标杆"企业和高标准看齐。规模企业通过自身的创新实践,不断推动标准升级,这些升级后的标准成为行业内的新规范,促使其他同类型企业跟进,从而在整个行业内形成一种积极向上的动态竞争环境。这种以高标准为核心的横向带动不仅提升了规模企业自身的市场地位,也促进了整个行业的技术进步和质量提升。此外,规模企业在获得认证的过程中积累的经验和知识,可以作为行业内的最佳实践进行分享,帮助其他企业提升管理水平和产品质量,实现行业内管理价值的传播与移植。

因此,"标准·认证+"理论通过帮助企业塑造规模经济,打造价值链上价值传播的"蓄水池",并从纵向协同与横向引领两个维度,实现规模企业的核心价值传播与移植,从而推动整个产业的价值提升。"标准·认证+"理论推动企业的规模经济效应向全产业链的范围经济优势转化,构建了全产业链的价值提升与良好的生态循环,共同推动产业链的可持续发展。

第四章

"标准·认证+"理论应用模型

"标准·认证+"理论是指依据市场需求，充分考虑企业及产业面临的突出问题，结合各种资源、技术与理念要素，实现标准和认证一体化设计与应用。该理论在标准制定过程中充分考虑认证需求，并基于认证的反馈进一步促进原有标准的更新迭代，从而提出更敏捷、更系统及更高效的服务方案，为推动各行业的高质量发展提供一种动态化、长效化的破局思路。

"标准·认证+"理论与其应用模型——"六化三步"模型之间的衍生关系是，"六化"理念是"标准·认证+"理论的延伸。其中"·"代表标准与认证的协同，标准化的过程充分体现了标准与认证在制定和实施过程中的一体化和相互促进，因此，"·"衍生了"标准化"。此外，"+"代表连接。在实际工作中，组织会充分考虑市场需求，并通过连接各种资源要素、新理念技术等，形成面向市场需求的一体化方案设计，而"+"的这种连接效应，如连接新理念技术等，催生了"产业化、品牌化、数字化、绿色化、国际化""五化"理念。"六化"理念的形成为"三步"的工作路径提供理念统筹，规范并引领"三步"的具体实施过程，最终衍生了"六化三步"模型。

因此，"六化三步"模型的产生是对"标准·认证+"理论的进一步细化和延伸，是将顶层理论转化为具体的操作步骤和实施策略，帮助组织进行实战化操作的一套系统化、具有普适性的实践方法论。

第四章 "标准·认证+"理论应用模型

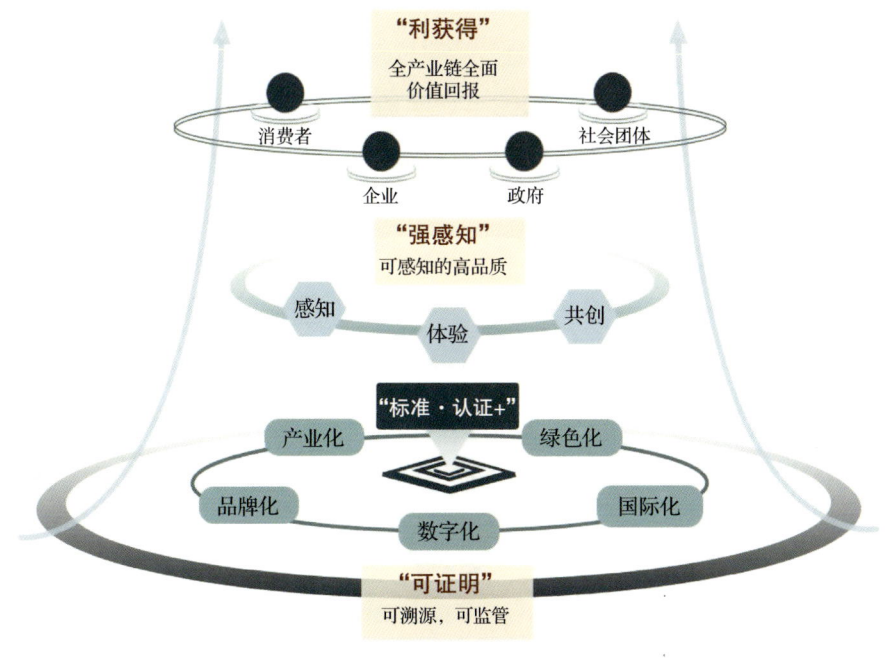

第一节 "六化三步"模型概述

"六化三步"模型是针对服务对象的具体需求，基于"标准·认证+"理论指导，以"六化"理念为总体统筹、"三步"路径为具体实施步骤的实践方法论。其介于理论与实践之间，为服务对象具体实践的战略规划、实施路径和绩效评估提供一体化方案。在"六化三步"模型中，"六化"理念作为核心理念，贯穿于整个服务过程，以其深刻的内涵和前瞻性的视角，不断引导着"三步"工作路径。同时，"三步"工作路径的实践经验与反馈也为"六化"服务理念的优化提供了宝贵的素材，通过在实践中不断检验和调整，才使"六化"服务理念得以不断丰富和完善，更好地适应日益更新的市场环境和服务需求。"六化"服务理念与"三步"工作路径相辅相成，共同推动组织的高质量实践。"六化三步"模型如图4-1所示。

图4-1 "六化三步"模型

其中，"六化"服务理念包括标准化、产业化、品牌化、数字化、绿色化和国际化。其不仅指导着企业内部的运营与管理，更在产业链和国内外等方面的融合过程中搭建起了坚实的桥梁，实现资源的有效整合与高效利用。"六化"理念的具体内涵为：一是标准化，即通过标准和认证协同设计与应用，使产品或服务的质量管理整体达到目标水平，助推企业和产业的创新发展；二是产业化，即以需求为导向、效益为目标，通过标准先行、资源整合、数智赋能等方式，带动供应链、产业链及价值链三链的深度融合与提升；三是"品牌化"，即构建品牌战略系统，统筹打造品牌矩阵，提升产品（服务）的市场认知度和商业价值；四是"数字化"，即通过数智创新带动生产力变革，扩大组织价值辐射范围，促进质量和效益双增长；五是"绿色化"，即通过管理和技术创新，采用绿色生产技术并调整能源结构，实现资源最大化利用和循环利用，助力生态文明建设；六是"国际化"，即以标准和认证为纽带，深化国际互认与合作，推动组织专业化、高端化和国际化发展。

"三步"工作路径包括"可证明""强感知"及"利获得"。第一步是"可证明"，即通过规范标准研制、品牌培育和认证管理工作，保证高品质的可溯源与可监管，给予供给侧可证明的高品质；第二步是"强感知"，即通过体验、感知、共创等方式，满足消费者的需求，并向消费者传达可信任的高品质；第三步是"利获得"，即打造相关方价值共赢机制，推动价值共创和创新分配，实现相关方的价值共赢。

基于"标准·认证+"理论的"六化三步"模型，在"标准·认证+"理论的指导下，通过面向组织的具体实践，以标准为依据、认证为手段，以标准与认证协同（即标准化）的过程作为核心动力，打造一体化的服务方案设计。"六化三步"模型的形成极大地指导了企业的具体实践，促进了企业及产业的高质量发展，具有较强的应用价值和广阔的应用前景。"六化三步"模型的现实意义主要体现在以下几点。

一是要素的高效协同。"六化三步"模型强调面向市场需求，在标准和认证协同的基础上，全面整合与利用各相关要素，打造一体化的协同服务机制。这种协同机制通过建立与市场需求紧密相连的标准体系，以及提供快速响应市场变化的认证服务，促进了资源、理念技术、人才等要素的高效配置，提高了对市场的响应速度和产业竞争力，实现了生产要素间的高效协同。

二是产业的高度融合。"六化三步"模型帮助组织明确自身的产业定位，依据标准和认证协同的原则，制订面向产业需求的实施方案。通过在标准化过程中发挥标准与认证的协同效应，以及在标准的制定和实施过程中充分考虑组织所处产业链上下游的各个环节，充分发挥自身的独特优势和协同带动作用，为产业链整体转型升级提供强有力的支持，促进产业链各环节的协同发展。此外，"六化三步"模型鼓励组织在实施标准化过程中积极参与产业标准的制定和推广工作，推动产业内标准的统一和协调，为产业链的融合发展提供有力保障。

三是起点的高端定位。"六化三步"模型通过发挥标准与认证的协同作用，高效利用新理念、新技术和新资源，为组织发展打造高端起点。一方面，在标准的制定和实施过程中始终坚持高端定位，通过引入和对标国际先进标准，结合先进的检测技术和高端品质认证方法，确保产品或服务从设计、生产到交付的每一个环节都符合先进标准的要求，确保源头的品质。另一方面，"六化三步"模型帮助组织制订清晰且富有远见的战略目标，并根据战略目标精准建立先进的标准体系，通过系统化和一体化的实施方案，推动战略和标准体系的实施，从顶层设计到过程管理的每一个环节都遵循高端定位，从而帮助组织实现卓越绩效。因此，无论是从微观层面的组织产品，还是从宏观层面的组织管理架构来看，"六化三步"模型始终以高端定位为出发点，从源头上高位构思组织的高质量发展路径，推动企业及行业的高质量发展。

四是高水平的对外开放。"六化三步"模型通过实施"一个标准、一次测试、一张证书、全球认可"的模式，帮助组织快捷、高效地获得国际市场认可，助推构建高水平对外开放的发展格局。一方面，该模型倡导标准与认证的协同，积极与国际先进标准精准对接，并通过融入国外先进的认证体系和认证技术，积极推动"中国好品"走出国门，走向世界，为实现以国内大循环为主体、国内国际双循环的开放格局提供强有力支撑。另一方面，面向世界市场，该模型发挥标准认证的协同效应，积极参与并主导国际先进标准的制定，增强我国在国际标准和认证规则制定中的主导权，积极响应"走出去"战略。通过这种"以点带面"的效应，"六化三步"模型有力地推动了我国高水平对外开放新局面的展开。

第二节 "六化"的服务理念

"六化"服务理念包含标准化、产业化、品牌化、数字化、绿色化和国际化,是指导组织进行具体实践的核心理念。为满足不同组织的需求,在帮助其实现目标的过程中,需要灵活运用这一综合理念,确保每一项决策都精准地服务于总体战略。通过深入运用这一理念,帮助组织把握定位、明确发展方向、优化业务流程,从而增强市场竞争力和实现高质量发展。

一、标准化——构建先进标准体系,引领创新发展

"标准化"理念聚焦高质量发展需求,以国际视野、开放意识和标准化思维,以"标准·认证+"理论为指导,协助组织实现标准和认证一体化设计,切实考虑认证的需求,制定或引入与国际接轨且满足市场需求的先进标准体系,并充分发挥认证的"拉高线"功能,推动先进标准实施,引领技术创新升级。同时,通过认证向消费者传递信任,规范市场秩序,引导行业健康有序发展。

为实现"标准化",帮助组织从供需两侧调查、分析特色产品、核心产业及产业链上下游情况,并充分考虑企业数字化的需求,深挖产品特性和文化属性。同时充分依托丰富的行业资源、广泛的合作网络和强大的专业团队,制定符合国际和行业要求的高水平标准,引领产品升级迭代。还要关注市场变化和技术发展趋势,及时调整和优化标准,确保领先地位,并积极推动先进标准在行业中的应用和推广,引领行业发展新方向。

"标准化"理念还体现在帮助组织及产业集群内部实现标准化管理、生产与运营。结合行业特点和实际情况,制定完善的管理、生产与运营相

关的标准规范，并通过培训、监督和持续优化，确保组织内的各项工作得到标准化执行，从而提高工作效率、降低成本，实现卓越绩效。

在"标准·认证+"理论的引领下，充分促进"标准化"理念的形成和实施，将标准和认证紧密协同。一方面，在标准制定过程中，应当充分考虑组织的认证需求，关注组织的市场定位和创新能力等，并据此制定高水平的标准，引导组织不断创新和改进；另一方面，构建符合企业特点的认证体系，如实行个性化的认证方案、组合型认证体系等，结合品牌影响力、认证机构公信力和企业产品力，形成一个系统化的认证网络，并注重特色服务认证，聚焦组织的特色和创新发展。通过这种全方位、一体化的认证体系，确保标准得到有效执行和落地。同时，组织还可以积极探索"标准·认证+"理论滋生的新模式、新路径，以进一步拓展标准和认证协同的应用范围、提升其价值。

帮助企业贯彻"标准化"理念，有助于规范企业内部的管理行为，显著提升企业的运营能力。在标准化过程中，通过建立统一的管理体系和标准体系，组织能够更加有效地优化资源配置，从而提高生产效率并降低成本。同时，实施严格的标准化策略能够确保产品质量和创新水平稳步提升。在标准化过程中，发挥认证传递信任的作用，对组织进行客观、公正的评估，证明组织真正达到标准要求并在市场上获得广泛认可，不仅有助于提升组织的品牌形象和信誉度，还能够促进组织持续改进，不断追求卓越。"标准化"理念使组织不断提升自身的标准化水平，进而在激烈的市场竞争中立于不败之地；同时，也将有助于推动整个行业的标准化进程和高质量发展，为经济的繁荣和发展做出积极贡献。

二、产业化——打通产业跃升通道，形成规模效应

"产业化"理念以标准和认证协同为基础，充分考虑"标准·认证+"理论的应用方向，强调在标准和认证协同主导下，连接产业链资源和需求市场，通过打通产业链上下游，实现纵向一体化，促进产业链的整体升

级。组织应以产业集群为依托，实现横向的应用与推广，形成行业规模效应，促进全行业的提升。

"产业化"理念帮助组织在制定标准和实施认证的协同过程中明确标准化的目标，确保标准制定和认证实施与产业化的整体战略和目标一致。例如，在制定标准的过程中，应当充分考虑组织的产业定位、产品特性和市场需求等因素。在认证的实施过程中，帮助企业实现与产业链上下游企业的技术互补和资源共享，并通过标准和认证的协同机制，促进技术的传播，提升整个产业链的技术水平。

为实现"产业化"，一方面利用自身的技术积累及行业洞察，帮助企业整合资源，加强企业与产业链上下游各企业之间的协同，建立有效沟通机制。充分发挥自身作为桥梁和纽带的作用，通过推动产业上下游的标准化建设，统一产品质量与生产流程，通过技术互补、信息与资源共享，共同打造健康稳定的产业生态环境，提升产业链的协作效率。

另一方面，强化"链长"与"链主"在产业链整合中的引领作用。其中，"链主"是在产业链发展过程中由市场自发形成的，并具备核心主导地位的企业。"链主"企业通过协调产业链上各个节点的活动，在产业链协调中利用其主导地位，在实现自身利益最大化的同时，淘汰产业链中的落后环节，并宣传"链主"企业的成功经验，发挥企业带头模范作用，引领产业链发展。"链长"是产业链的倡导者、支持者与维护者，往往由地方政府高级公务员和行业协会负责人担任，应当通过产业政策规范产业链的发展路径，协调解决产业链发展中的重大问题，推动产业链做大做强，促进产业链协同发展。"链长"与"链主"主动发挥带动作用，通过与其他企业有效的协同联动、整合重组，促进链上企业的知识吸收、资源共享，带动链上企业共同进步，加快产业链的转型升级。

通过"产业化"理念，组织可实现规模化生产、标准化管理和品牌化运营，延伸产业链、贯通供应链、提升价值链。对产业而言，调整产业的广度和深度，推动产业结构升级，高效整合资源、提升效益，实现全产业链的进步和发展。对经济社会发展而言，推动产业集群化发展和规模高质量扩张，促进上下游、产供销及大中小企业的协同发展，打造政府引导、企业主动、市场拉动和协会推动相结合的良好产业发展生态，实现产业的健康发展和可持续增长。

三、品牌化——明确品牌实施路径，提炼核心价值

"品牌化"理念提倡组织依据"标准·认证+"理论，发挥标准认证的协同和"+"的连接效应，依托认证结果，高效运用资源要素，制定符合组织特色与市场需求的品牌化战略。通过采取适当的品牌推广措施，将认证产品或服务传递给消费者，提升产品知名度，扩大市场影响力，实现品牌的长期稳定发展。

在标准和认证体系制定过程中，充分考虑"品牌化"服务理念，确保标准和认证的内容与品牌形象及定位一致，并深入了解市场消费者需求和品牌自身优势，凸显品牌的独特性和差异化，强化品牌的个性和特点。帮助组织充分利用认证的结果，通过各种渠道宣传品牌产品或服务的高标准和优良品质，提升品牌美誉度。

为实现"品牌化"，依靠自身专业的品牌策划团队，从供需两侧进行调查分析，帮助组织了解其核心竞争力和目标市场，制定清晰的品牌定位策略，并通过深入了解市场需求和消费者行为，明确品牌战略系统、价值体系及发展方向，构建营销推广方案及品牌培育体系，推动落地实施。

品牌营销推广采用线上线下一体化思维方式，制定以顾客关注为焦点的高阶服务输出的营销推广方案。例如，利用自身的平台为组织宣传与推广，创新性地运用各种线上线下营销手段，并利用自身可靠的品牌形象为组织品牌背书，提升消费者对企业的信任，促进品牌的高品质、精准地触达给消费者，助力品牌获得制胜竞争力。

依托丰富的经验与成功案例为组织提供宝贵的参考和借鉴，帮助组织明确品牌定位，设计品牌的价值和形象，使其在顾客及其他相关方意识中形成独特的市场印象和联想，帮助企业明确品牌定位，并根据内外部环境

变化及企业自身需要适时进行调整。

品牌培育以标准文件的形式规范研制、培育、认证管理工作的流程和方法，为深入推进品牌建设提供统筹谋划和细化指导。帮助组织制定统一的品牌标准和规范，以及精准的营销策略，提升品牌的知名度和竞争力。同时，根据企业的实际情况和发展阶段，帮助其制订相应的品牌培育计划，并逐步推进落地实施，确保品牌战略的有效实施和持续发展。

"品牌化"理念通过品牌设计、视觉形象、文化建设等多方面工作，打造独特、有吸引力的品牌形象，加强品牌传播推广，并通过线上线下的多渠道推广，提升品牌的知名度和认知度，实现品牌的溢价效应。通过建立完善的品牌管理体系，保护品牌形象和价值，确保品牌化战略的顺利实施和持续发展，提升竞争力和市场地位。

四、数字化——搭建数智应用平台，加持产业生态

"数字化"是连接供给侧和需求侧的桥梁，通过整合企业内部及产业链上下各环节间的信息资源，并利用数字化的技术手段进一步促进标准与认证的协同。"数字化"理念帮助组织利用数字赋能产业链上下游企业，提升供给侧对需求侧的响应能力，实现从链式连接升级为网状式高效协同的大产业生态圈。

首先，根据组织的业务需求和对现有系统的评估结果，选择合适的数字化工具和平台进行数据整合与信息共享，并构建统一的数据标准和规范，确保数据质量、提高数据的一致性和准确性，使组织内部能够顺畅地进行信息交互，提高运营效率。其次，利用新媒体矩阵和数字化营销手段，提升品牌的知名度和影响力，打造强有力的品牌形象，建立数字化的信息平台和营销平台，为企业提供了数字化的管理渠道。例如，建立与客户的关系管理系统，提供在线推广平台等，促进企业的数字化发展。最后，运用数字化技术，快速捕捉消费者需求，高效和精准地满足市场需

求，提高消费者的忠诚度和黏合度。

为实现"数字化"，利用自身具有的先进技术和专业团队，帮助组织构建并利用数字化平台，将各项标准和认证信息整合起来，为企业提供便捷的查询和应用渠道。例如，通过数字化平台提交相关证明材料，并接受线上审核和认证流程。通过数字化管理、大数据和AI智能化运作，突破传统认证审核的局限性，增强组织数据管理能力。通过数字化的手段，组织可以更加方便地了解和遵循标准要求，申请和获取认证，为数智化发展创造基础条件。

"数字化"理念利用一系列的数字化技术手段和渠道，帮助组织实现精细化管理和推广，从而实现卓越绩效。一是通过数字化实现更高效的生产运营和管理，精准控制生产进度，实现生产资源的优化配置；二是通过数字化更加精准地定位目标客户群体，满足个性化的营销策略需求；三是通过资源共享、共同研发等方式，使企业之间实现优势互补和共同发展。

五、绿色化——组建绿色生产体系，助力永续发展

"绿色化"理念指导组织在遵循绿色标准的基础上，对其生产流程、产品或服务质量及管理体系进行全面规范与优化；并根据组织的特定需求，实施绿色认证评估流程，以验证达到绿色标准的要求，推动组织的绿色化、清洁化和高效能的发展。

为推动组织生产方式的绿色化转型，首先，帮助组织树立正确的绿色发展理念，制订具体的战略规划，致力于能源使用结构升级。例如，使用清洁能源，减少对传统能源的依赖，提高生产效率，确保资源的高效利用，减少污染排放。

其次，为切实保障组织绿色发展战略计划的有效实施，帮助组织建立完善的绿色管理体系，依据相关标准体系，制定严格的管理制度和标准，实现绿色采购、绿色生产、绿色包装和绿色物流等。依据标准进行认证，

证明组织生产工艺、技术、流程及产品符合绿色标准，进一步获得市场的认可，提升消费者的满意度。

最后，积极推广绿色产品和绿色理念，通过提高产品的环保性能，满足消费者的需求，加强推广与宣传，在市场中树立组织的绿色品牌形象，增加市场的知名度和认可度；并加强组织与其他企业、政府、行业协会的交流和合作，共同推进企业绿色化转型的进程。

"绿色化"理念有助于组织优化生产流程，提高资源利用效率，降低生产成本，推动产品的绿色技术创新和产品的"绿色化"更新迭代，更好满足市场需求和发展趋势。这种"绿色化"的服务理念不仅能显著提高企业经济效益，增强品牌影响力，还能促进经济社会发展和环境保护相协调，推动可持续发展。

六、国际化——共建国际合作机制，拓展国际市场

"国际化"理念是指组织以达到国际先进水平为目标，追求在全球市场中的领先地位，充分发挥标准引领与认证连接的作用，确保其产品或服务整体达到国际领先水平。通过聚焦知识产权、市场竞争和基础设施互联互通等领域的标准规则，积极开展对接交流，以获取最新的行业动态和发展趋势，主动与国际标准接轨，更好地助力我国"走出去"的战略。

一方面，充分利用全球资源，帮助组织结合产业链间的国际合作需求，以"标准·认证+"理论为指导，集合多方力量共同开展国际业务，不断深化质量认证、国际合作互认，为企业国际化发展和整体产业水平提升贡献力量。

另一方面，通过推动国际规则互认，为组织打通国际市场壁垒，提供更广阔的发展空间，与国际认证机构、国际标准化组织及相关政府部门进行合作，促进质量认证和标准的国际互认。积极参与或主导国际标准规则的制定，通过与国际标准化组织等国际平台的深入合作，推动标准和规

范的制定或修订，引领行业发展，提升组织在全球市场中的话语权和影响力。

"国际化"理念有助于行业标准与国际标准接轨，促进组织吸收国外先进技术和管理经验，提升自身的创新能力。通过与国际市场的互动和合作，企业不仅可以获取更多的资源和机遇，促进技术创新和质量提升，还能加强行业间的国际合作与协同，推动整个行业的技术进步和产业升级，实现企业和行业的高质量发展。

第三节 "三步"的工作路径

"三步"工作路径，包括第一步"可证明"、第二步"强感知"和第三步"利获得"，是在"标准·认证+"理论的指导下，结合"六化"服务理念要求，为组织量身定制的具体工作实施路径。通过实施这一路径，帮助企业保障产品或服务的高品质，与消费者建立可信的连接，并通过强有力的感知度，将供给侧可证明的高品质精准地传递到需求侧。最终实现多方共赢的良好生态，推动企业、产业及全社会的可持续健康发展。

一、"可证明"：铸就可信任的高端品质

"可证明"阶段是指组织在"标准·认证+"理论的指导下，以"六化"理念为实施思路，以标准与认证协同为核心，确保组织能够在全面提升产品或服务品质的同时，有效解决市场信任问题，从而为组织提供全方位、一体化的高品质证明。

首先，构建标准和认证体系，实现组织在生产运营过程的高标准，通过认证保障产品或服务符合既定标准要求。通过结合组织标准化建设需要，统一规范产品在研发、生产、加工、推广及服务等全过程中的基本要求，积极构建以产品为主线、全程质量控制为核心的产品标准体系，为组织提供可依据的标准，并建立完善的认证制度体系、对标组织培育体系和认证实施体系，推动标准的实施和应用，从而确保组织提供高质量的产品或服务。

其次，严格衔接产品的准出与准入，实现产品全产业链可见、可控和可追责，通过依据需要采集的信息类型和来源，如原材料来源、生产加工环节和质量检测等，构建合适的追溯管理系统或平台进行数据收集和处

理，提供清晰、可靠的产品或服务质量来源信息，使消费者随时随地能够追溯产品质量问题的源头，保障其可追溯的权利，实现高端品质可被溯源。

最后，协助建立法律法规、行政监管、认可约束、行业自律和社会监督的"五位一体"质量监管体系，使组织和监管部门能够实时进行监管，确保认证全过程真实可信。同时，帮助组织内部构建监管体系，促进产品质量的全方位、一体化监管，实现高端品质的可监管。

在"可证明"阶段，组织能够实现产品或服务的高品质保障、降低市场风险并提升组织竞争力。一方面，高品质不仅是企业竞争的基础，也是品牌信誉的根源。通过规范标准的研制、品牌的培育及认证管理，确保产品和服务的高品质，实现产品和服务质量的可信任，为企业赢得消费者的信任和市场的认可打下坚实的基础。另一方面，通过确保产品和服务的质量，可显著降低因质量问题导致的退货、投诉等，减少企业可能面临的市场风险。同时，高品质作为企业的核心竞争力，通过品质差异化可区分竞争对手，吸引特定的目标市场和客户群体。

二、"强感知"：将高品质精准触达消费者

在"强感知"阶段，组织依据统一战略规划，整合各方资源，与合作伙伴、媒体机构等建立密切的合作关系，通过推广和营销等方式，向产业链上下游及消费者展示组织的核心价值、产品特点和竞争优势，将第一步"可证明"实现可信任的高品质传递给消费者。为帮助组织实现"强感知"，需做到以下几点。

首先，组织专业人员在组织内部进行培训，使组织上下能够强化质量意识，深刻理解并贯彻组织的核心战略，加强消费者对于组织提供的高质量产品或服务的感知和信任。

其次，利用自身的合作网络，通过举办大型论坛和新闻发布会等形式，为组织创造更多与产业链中其他企业合作与交流的机会，传播组织的

先进管理理念、高水平的产品或服务标准及优秀的实践经验。不仅有助于为其他企业树立形象，同时可以赢得产业链上下游的信任，促进产业提升。

最后，帮助组织树立"共创"思维，打通线上与线下的多维触点，整合各种资源和渠道，为用户建立更多的连接方式，结合数字化时代要求和产品特点，利用数字化平台和手段，以消费者为导向，通过策划并转化"感知、体验、共创"三个品牌营销关键词，奏响营销三部曲，将品牌的感知力更好地落实在消费者可以感受到的产品及服务上。其中，感知是指通过视觉设计深化品牌感知，塑造品牌形象并衍生扩展，利用品牌故事片传递价值，强化品牌认知；体验是指利用线上线下结合的方式，增加与消费者的互动，让消费者更好地体验产品或服务的高品质；共创是指与其他品牌建立联系，挖掘更多的与用户建立连接的方式，给产品更多的展示窗口和渠道，不断提升品牌的知名度、认可度和美誉度，将高质量的产品或服务精准地传达给消费者，赢得消费者信任。

在"强感知"阶段，组织能够实现品牌形象和客户忠诚度的提升并促进创新，通过提升消费体验和感知，企业可以强化其品牌形象和市场定位。而积极的消费体验会被转化为口碑，增加品牌的知名度和联想度。优质的消费体验还可以增加客户满意度，提高客户忠诚度，促进重复购买和长期客户关系的建立。通过与消费者的互动和体验共创，企业能够获取宝贵的市场反馈和洞察，指导产品和服务的持续改进和创新。

三、"利获得"：打造相关方价值共赢机制

在"利获得"阶段，组织对项目实施严格的监测监管和持续完善，评估工作效果和项目实施进展，并构建多方共赢的利益形成机制，最终实现各方的价值目标与利益共赢。

首先，帮助组织建立一套全面的过程在线监测评估体系。该监测评估体系能够实现实时收集和分析从生产端到销售端的数据，包括原料采购、

生产过程、物流配送、市场反馈和消费者行为等多个环节中的信息。构建过程在线监测评估体系，依据组织战略目标制定相关的监测方案，选择合适的监测工具和监测方法，对组织生产运营的关键环节进行全方位质量监控，并将监测结果实时反馈给相关部门，确保项目实施符合标准。采用先进的数据分析技术，对过程监测数据进行深入挖掘，识别出效率瓶颈、质量隐患和市场需求导向，及时调整策略，提高响应速度和市场适应性。

其次，帮助组织依据自身需要建立一套科学的效果评价体系。一是要明确项目的整体目标和检测对象，依据目标设计相关评价指标；二是选择合适的评价工具，确保实时、准确地收集和处理数据；三是实施效果在线监测，根据具体的监测方案实施在线监测，确保数据的真实性和完整性；四是对收集到的效果数据进行分析和评价，解释数据背后的规律和趋势，根据分析结果判断项目实施情况是否符合预期，或是否存在问题或风险。这一效果评价体系应基于客观数据和相应的标准，对产品质量、服务效率、客户满意度等关键指标进行重点评估。此外，通过定期的自我评估和外部审计，还可以确保企业运营各个环节的操作符合既定的先进标准，并持续进行改进。同时，这一效果评价体系还应该包括对供应商和合作伙伴的绩效评价，确保整个供应链的高效运作和绩效控制。

最后，构建多方的利益共赢机制。利益共赢机制的建立，是实现企业、市场及政府之间、供给侧和需求侧之间互利共赢的关键。在构建利益共赢机制的过程中，组织应当明确价值目标，并定期与相关方进行交流，合理分工。构建共赢理念的利益塑造机制，需要充分考虑相关方的贡献、价值及承担的风险，从而进行合理的利益分配，提高各方参与的积极性，实现各方的利益共享，最终呈现多方共赢的局面。

在"标准·认证+"理论的指导下，通过"六化三步"模型，分别从"可证明""强感知"及"利获得"三个层面促进了企业间及行业间的高质量发展，实现了利益各方的多方共赢。从企业层面，充分发挥监测评价体系对组织建设的导向作用，研究建立贯通从生产端到销售端的在线监测评估体系，推动相关各方实现资源共享、优势互补，最终为消费者提供高质量产品与服务体验，实现各方价值的最大化。此外，借助强有力的全链路产业整合能力，形成强有力的品牌联动效应，为企业提供更好的全链路价值转化路径。从政府层面，通过构建监测评估体系，政府加强对市场的监管，保障消费者权益，维护市场秩序，搭建政企合作的良好桥梁，能够共同推动标准化工作，实现高质量发展。

第五章

"标准·认证+"实践案例

标准和认证作为引领经济社会发展的重要支撑，已成为推进高质量发展的重要工具。CQM 方圆提出的"标准·认证＋"理论，顺应了时代发展的要求，对传统认证模式进行了深刻的创新。

作为质量认证领域的先行者，CQM 方圆近年来紧密跟随国家政策导向，运用其创新的"标准·认证＋"理论和"六化三步"服务模式，为推动企业、产业及区域经济的高质量发展做出了显著贡献。在助力企业高质量发展的征途上，CQM 方圆不仅帮助企业优化管理流程，还通过提升产品和服务质量，显著增强了企业的市场竞争力。在产业高质量发展的层面，CQM 方圆通过促进产业链上下游企业的协同与合作，有效提升了整个产业的质量水平，同时增强了品牌的市场影响力。在区域及产业联盟品牌建设方面，CQM 方圆的实践案例证明了其在加强区域品牌质量标准、认证和追溯体系建设方面的重要作用，从而推动了产业集群的质量品牌提升。在服务"双碳"目标实现方面，CQM 方圆充分发挥了标准认证在推动绿色低碳发展中的关键作用。通过开展绿色产品认证、节能低碳产品认证等服务，CQM 方圆助力企业提升能效和减少碳排放，为实现"碳达峰"和"碳中和"目标贡献了积极力量。

CQM 方圆的实践和成就，不仅体现了其在专业领域中的深厚实力，也彰显了其在追求卓越、服务社会、助力可持续发展中的企业责任和精神。通过这些实践，CQM 方圆不仅为合作伙伴带来了实实在在的价值，也为推动经济社会的全面进步做出了积极贡献。展望未来，CQM 方圆将秉承"用信任连接美好未来"的品牌愿景，持续发扬"专业、可靠、创新、国际化"的品牌精神，在技术和人之间搭建信任的桥梁，让消费者"简单信任，放心选择"！

第一节　助力企业高质量发展

一、高端品质认证

案例一：年份酒为白酒真实年份立证

（一）客户简介

中国酒业协会于 1992 年 6 月 22 日成立，由从事全国酒类产品酿造、经销、科教、装备及为其服务的企事业单位、社会组织和个人自愿结成的全国性、行业性社会团体，是非营利性社会组织。中国酿酒历史悠久，拥有数千年的工艺传承与文化积淀，"酒是陈的香"这一观念一直延续至今，成为企业和消费者对白酒品质与价值的共同认知。

中国酒业协会从 2006 年开始，策划"中国白酒 169 计划"，将白酒年份酒研究纳入体系。2013 年，启动"中国白酒 3C 计划"，从"品质诚实、服务诚心、产业诚信"三个方面重点推进白酒行业的诚信建设。2014 年，中国酒业协会成立白酒技术创新战略发展委员会，白酒年份酒的标准化正式提上日程。2019 年 3 月，《白酒年份酒团体标准》（T/CBJ 2101—2019）正式颁布实施。

（二）客户需求

年份酒相关标准的推出在白酒市场上掀起了"真年份"的浪潮，中国酒业协会的年份酒生产企业认证工作逐步展开，各大酒企纷纷申请加入。为了规范年份酒认证乱象，进一步明确年份酒产品规则要求，规范企业年份酒生产管理过程，维护年份酒产品的生产者和消费者权益，中国酒业协会委托 CQM 方圆自 2021 年 12 月 27 日开始对年份酒生产企业进行年份酒产品认证，并给通过认证的年份酒产品颁发证书和标签，使整个年份酒产品认证工作更透明、更严谨、更具公信力、更有说服力。如图 5-1 为开展年份酒产品认证工作的通知。

图 5-1　开展年份酒产品认证工作的通知

（三）CQM 方圆一体化实施方案

1. 方案设计

CQM 方圆基于"标准・认证＋"理论，助力打造年份酒新品类，通过运用标准化、数字化工具等方式，充分发挥质量认证手段，保障年份酒的真实、可查、可验、可溯，帮助企业与客户建立信任。以认证让客户感知年份酒的真实年份，进而放心选择企业的产品。在让客户品尝年份酒的时间味道的同时，认证也使产品增值，使企业及其客户在全生命周期、全链条、全质量要素方面获得明显提升。

2. 具体措施

（1）依据标准制定认证规则。

基酒认证是通过对企业资质与年份酒基酒的在线申请与审核，建立年份酒基酒数据库。同时，通过认证机构线下现场审查，利用高频 RFID（射频识别）手持采集设备对坛签（酒坛唯一性标识）和封坛锁进行唯一关联，实现对年份基酒真实年份的封存管理。年份酒产品认证则根据年份酒成品酒配比，通过对多个基酒批次号、配比量、基酒年份进行关联，采用加权酒龄核算公式，最终核定年份酒成品酒的真实年份与认定产量。CQM方圆针对基酒、年份酒产品制定了《年份酒产品认证实施规则》（CQM/NS-GK-GZ-NFJ-01：2021），如图5-2所示，并通过了国家市场监督管理总局的备案。

图 5-2　团体标准及认证实施规则

（2）搭建年份酒产品认证管理平台。

CQM方圆通过年份酒认证系统、云酒库、年份酒认证数字平台、云酒库小程序等搭建年份酒产品认证管理平台，如图5-3所示。

图 5-3　年份酒产品认证管理平台

该平台包括四大核心功能。一是做到权威认证。由中国酒业协会授权，依据《年份酒产品认证实施规则》，由第三方认证机构——CQM方圆进行权威认证。二是保证真实年份。通过"两签一号一锁"（基酒封存卡签、封坛锁、基酒酒坛号、成品酒签）关联基酒的真实年份、生产时间、生产批次等信息，对年份酒基酒进行封存与管控；并通过成品酒签对成品酒库存、配比、基酒库存、基酒酒库进行严格的核定与管理。三是实现一品一码。每瓶年份酒成品酒被赋予唯一标志码，通过年份酒标志管理系统，确保发放的每一枚认证标志数量可控，并实现真伪识别、追踪去向、内部控制、公众查询等功能。四是达到全程溯源。通过年份酒产品认证管理系统，对每枚认证标志与认证证书、认证量、基酒批次进行自动关联，实现对年份酒产品过程的管控与追根溯源。

（3）开展认证、颁发证书、规范管理。

CQM方圆与中国酒业协会联合组建认证专家团队，依据认证实施规则对年份酒认证企业的生产资质、生产能力、检测能力、技术人员、生产管理及年份酒基酒存储量和年份酒产品等进行详细的现场查验与论证，最终认定为具备年份酒产品认证的要求和条件。进一步开展审核认证工作，在各项验证完全达标后，颁发年份酒产品认证证书和标签，并报国家认监委进行备案，可通过全国认证认可信息公共服务平台查询年份酒认证信息。年份酒产品认证流程如图5-4所示。

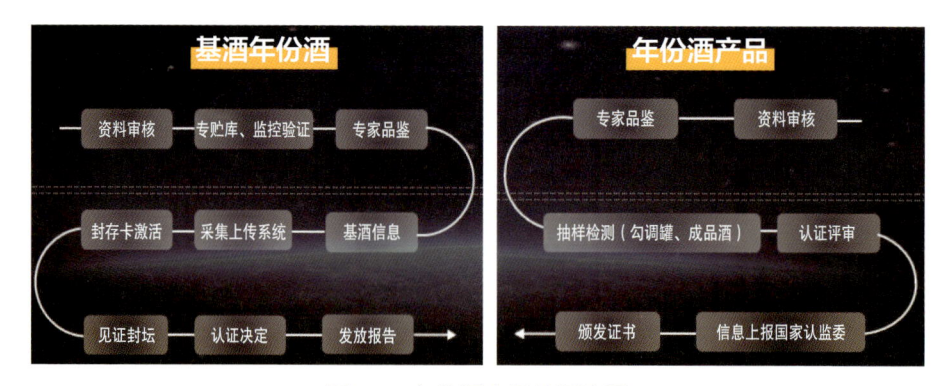

图5-4 年份酒产品认证流程

第五章 "标准·认证+"实践案例

年份酒产品认证现场和数据追溯如图 5-5 所示。

图 5-5 年份酒产品认证现场和数据追溯

年份酒产品认证证书如图 5-6 所示。

图 5-6 年份酒产品认证证书

95

"标准·认证+"理论与实践

（4）宣传年份酒。

CQM方圆利用自身行业影响力，通过举办国际性论坛、参加大型会议展示、搭建新媒体矩阵、制作优秀案例分享视频等丰富多样的个性化服务为年份酒做推广宣传。在海南省三亚市举办的"标准·认证+"助力产业链高质量发展暨全球良好农业规范中国日论坛上，邀请了劲牌有限公司副总裁杨强分享了劲酒与CQM方圆合作建立认证体系，解决年份酒鉴别痛点的问题，提升整个管理质量水平，如图5-7所示。

图5-7 "标准·认证+"论坛 劲牌有限公司副总裁杨强作年份酒质量提升分享

在CQM方圆承办的第十九届中国国际酒业博览会中国年份酒价值论坛上，冀晓东董事长发表了题为"'标准·认证+'助力打造年份酒新品类"的主旨演讲，对中国年份酒溯源系统做了演示介绍，演示了基于认证过程的年份酒溯源系统，并推广真实年份酒认证系统，号召更多酒企共同推行实施年份酒标准，如图5-8所示。

图 5-8　冀晓东董事长作"'标准·认证＋'助力打造年份酒新品类"主旨演讲

在沿黄九省（区）黄河流域生态保护和高质量发展标准化大会承办的"标准·认证＋"助力黄河流域生态价值实现分论坛上，青海互助天佑德青稞酒股份有限公司酒体开发部经理赵国华以"天佑德青稞酒'天酿工艺'的研究与国之德真年份酒"为题作主题报告，如图 5-9 所示。与会期间，CQM 方圆还在论坛上设立展示区，制作大型展板展示年份酒成果，分享年份酒认证的经验，并进行宣传推介，提升年份酒的知名度和影响力。

图 5-9　青海互助天佑德青稞酒股份有限公司酒体开发部经理赵国华作主题报告

"标准·认证+"理论与实践

CQM方圆通过新媒体宣传年份酒。TO B（To Business）通过企业微信平台，发布"冀晓东董事长在第十九届中国国际酒业博览会中国年份酒价值论坛发表主旨演讲"等新闻，将年份酒诞生的消息传递给客户；TO C（To Customer）在CQM生活+（微信）和CQM生活家（小红书）等平台，通过图文并茂的形式撰写《小Q为你"揭秘"年份酒是这样炼成的》《年份见真章，品质向未来》《年份酒鉴别妙招》等宣传文案，向消费者分享年份酒背后的故事，增加年份酒特色产品的曝光率，为年份酒做宣传，如图5-10所示。

图5-10　CQM方圆新媒体年份酒宣传

（四）项目实施给客户带来的价值

2022年1月25日，劲牌有限公司——毛铺草本酒顺利通过中国酒业协会、CQM方圆和权威专家的审核认定，成为行业内第一家取得年份酒产品认证的企业，扛起行业年份酒的大旗。后续CQM方圆为山东景芝白酒有限公司——景芝芝香、青海互助天佑德青稞酒股份有限公司——天佑德青稞酒、洋河酒厂股份有限公司——梦之蓝手工班等多家头部酒企开展了年份酒产品认证，如图5-11所示。年份酒的认证推动了酒行业向着更加专业和高端的方向发展，促进了中国白酒文化的传承与创新。

经过认证的年份酒品牌力、产品力获得进一步提升，上市之后供不应求，赢得了消费者的一致认可。

图 5-11　年份酒认证产品

（五）客户反馈评价

CQM 方圆"标准·认证+"理论和"六化三步"模式以其独特的视角，获得中国酒业协会和各认证企业的一致认同。CQM 方圆向企业传递了信任，使企业感知到 CQM 方圆的先进理念，进而对 CQM 方圆产生了信任，借助 CQM 方圆实现价值的转化。

案例二：母婴友好型汽车——北汽以团标定义新品类

（一）客户简介

北汽集团是北京汽车工业的发展规划中心、资本运营中心、产品开发中心和人才中心，主要从事整车制造、零部件制造、汽车服务贸易、研发、教育和投融资等业务。北汽蓝谷麦格纳汽车有限公司作为北汽集团旗下子公司，主要从事新能源汽车生产及相关零部件的开发、制造、加工、销售和售后服务工作。近年来，汽车的电动化、智能化、网联化的融合发展正在加速，汽车产业开始在车辆产品外形和功能变化及车载系统的可靠性和安全性方面进行变革。场景化造车成为车圈热词，北汽蓝谷麦格纳汽车有限公司正加速场景化汽车研发。

（二）客户需求

党的二十大报告提出，推进健康中国建设，优化人口发展战略，建立生育支持政策体系，降低生育、养育、教育成本。在新发展阶段，保障母亲安全和儿童优先已成为国际公认的人类健康发展的重要原则，"儿童友好"和"母婴友好"的概念，正逐渐成为推动城市高质量发展的重要体现。北汽蓝谷麦格纳汽车有限公司结合时代发展需求，敏锐洞察用户需求和深耕细分市场，在母婴出行领域布局，致力于将"儿童友好""一米视角""母婴关爱"等理念作为创新设计元素，打造系统、严谨母婴友好型汽车，以智能+亲子，通过"一部好车+细分人群体验解决方案"，推出了"极狐考拉"母婴友好型汽车。为让这款汽车获得权威认证，质量和性能得到充分保障，在市场上获得广泛认可，满足用户对健康安全生活的追求，北汽蓝谷麦格纳汽车有限公司委托 CQM 方圆开展母婴友好型汽车认证。

（三）CQM 方圆一体化实施方案

CQM 方圆基于"标准·认证+"理论，策划形成了详细的实施方案，组成项目实施小组，制定项目推进时间表，采用"产品检验+功能核查+获证后监督"的模式，制定标准、开展认证、颁发认证证书，填补目前汽车市场上专为母婴打造车的空白部分。具体做法如下。

1. 制定标准——《母婴友好型汽车》团体标准

CQM 方圆围绕婴儿座椅、孕妇舒适度、母乳喂养等角度做出人性化考量，制定标准，并通过中国妇幼保健协会于 2022 年发布了《母婴友好型汽车》团体标准（T/CMCHA 009—2022），如图 5-12 所示。该标准在安全保障、呼吸健康、接触健康、便利舒适等方面做出严格规定，满足母婴人群在备孕期、孕期、婴幼儿期和学龄期健康友好出行的特殊需求，填补了中国乃至全球母婴汽车出行的相关标准空白，对全行业亲子车型发展提供统一规范引导。

图 5-12 《母婴友好型汽车》团体标准及发布会

2. 制定认证规则——《母婴友好型汽车分级评价准则》《母婴友好型汽车认证规则》

CQM 方圆根据《母婴友好型汽车》团体标准设计了《母婴友好型汽车分级评价准则》和《母婴友好型汽车认证规则》。《母婴友好型汽车分级评价准则》主要从安全保障、呼吸健康、接触健康、便利舒适性、卓越体验五个方面设计评价指标，最高评级为五星级；《母婴友好型汽车认证规则》适用于为保障孕期妈妈、儿童及其主要照护人群健康、友好出行的特殊需求，专属场景化设计的功能汽车的认证。

3. 开展认证、颁发证书

CQM 方圆采用"产品检验＋功能核查＋获证后监督"的模式依据认证实施规则对"极狐考拉"母婴友好型汽车开展认证，对汽车进行详细的测试和检查，包括但不限于安全性、环保性、友好出行的特殊需求等关键指标，通过模拟各种实际使用场景来评估汽车的性能和可靠性，确保汽车各项指标得到全面而严格的评估，保证汽车在实际使用中能够满足母婴用户群体的需求，提供安全、舒适的驾驶体验；并对获证汽车进行定期监督检查，以确保其持续符合认证要求。其中包括对市场上销售的汽车进行抽样检测，以及对生产过程中的质量控制进行审查。

CQM方圆通过"产品检验＋功能核查＋获证后监督"的认证模式确保汽车的质量和性能得到充分保障，为母婴消费者提供安全、可靠的汽车产品。同时，也促进了母婴汽车行业的健康规范发展，提高了母婴汽车行业的竞争力。

（四）项目实施给客户带来的价值

北汽蓝谷麦格纳汽车有限公司的"极狐考拉"母婴友好型汽车已通过相关认证，成为行业首个获"母婴友好型汽车"五星权威认证的车型，体现了"极狐考拉"在母婴出行安全性、舒适性及便利性等方面的卓越表现，也反映了北汽蓝谷麦格纳汽车有限公司对母婴出行市场的深入理解和精准把握，如图5-13所示。"极狐考拉"获得这一权威认证，不仅是对其产品质量的认可，也是对其在母婴出行市场领域所取得成就的肯定，助力"极狐考拉"在市场上树立良好的口碑和形象，进一步提升北汽蓝谷麦格纳汽车有限公司的品牌影响力和市场竞争力，有利于北汽母婴友好型汽车行业与市场的发展。

图5-13 "极狐考拉"获得母婴友好型汽车认证证书

（五）客户反馈评价

CQM 方圆"产品检验＋功能核查＋获证后监督"的认证模式获得北汽蓝谷麦格纳汽车有限公司的一致认同。CQM 方圆的认证不仅是对企业产品质量的认可，也是对其在母婴出行市场领域所取得成就的肯定。CQM 方圆的认证确保每一辆"极狐考拉"都能达到高质量的标准，确保"极狐考拉"在各项性能指标上都能达到行业领先水平，使北汽蓝谷麦格纳汽车有限公司感知到 CQM 方圆在母婴汽车领域的先进认证理念，借助 CQM 方圆帮助企业实现价值的转化。

案例三：正大鸡蛋开创蛋品行业无抗认证的先河

（一）客户简介

正大集团秉承"利国、利民、利企业"的经营宗旨，历经百余年的蓬勃发展，已从经营单一业务的"正大庄种籽行"，发展成以农牧食品、批发零售、电信电视三大事业为核心，同时涉足金融、地产、制药、机械加工等 10 多个行业和领域的多元化跨国集团公司。

正大集团是中国家禽行业的引领者，业务涵盖肉鸡、肉鸭、蛋鸡养殖，是最早进入中国的白羽肉鸡企业之一，是最早建设商品代肉鸡现代化笼养的企业之一，也是最早建设 300 万蛋鸡现代化养殖场的企业之一。历经 40 多年发展，目前正大集团拥有 1 家祖代肉种鸡公司，14 家全产业链肉鸡一条龙公司，1 家肉鸭一条龙公司，1 家祖代蛋种鸡公司，在产和在建 300 万现代化蛋鸡场 6 座。未来，正大集团将继续扩大家禽养殖规模，引领行业发展。

（二）客户需求

抗生素在畜禽养殖过程中的过量使用，严重影响了畜产品的质量安全，严重危害了人民的身体健康，严重破坏了生态环境，因此，严格控制抗生素的使用、滥用问题已迫在眉睫。人们对无抗产品的需求及行业内对无抗产品认证规范出台的呼声越来越高，催生了我国无抗产品认证规范的出台。

2017年，农业部印发了《全国遏制动物源细菌耐药行动计划（2017—2020年）》；2021年，农业农村部印发《全国兽用抗菌药使用减量化行动方案（2021—2025年）》，提出"以生猪、蛋鸡、肉鸡、肉鸭、奶牛、肉牛、肉羊等畜禽品种为重点，稳步推进兽用抗菌药使用减量化行动"。为促进养殖业高质量发展，并围绕国家减抗禁抗政策，借鉴国内外先进、成熟的替抗应用技术解决方案，制定科学严谨的无抗产品认证规范，为构建高质量食品安全体系做贡献。

正大集团为了响应党中央、国务院关于食品安全的重要指示精神，引领食品行业，特别是鸡蛋行业的正能量，积极履行企业的社会责任，需要推进无抗产品认证，确保无抗健康安全产品生产，坚守食品安全底线，为消费者提供安全、健康、美味的食品。

（三）CQM 方圆一体化实施方案

1. 方案设计

面向正大集团无抗产品认证的需求，CQM 方圆以"标准·认证+"理论为指导，系统融合"六化三步"模式，进行一体化方案设计，探索产品无抗认证工作路径。

首先，通过调研了解市场需求和国内外无抗产品认证现状，为无抗产品认证标准制定提供参考；其次，响应党中央、国务院关于食品安全的重要指示精神，对标国内外相关无抗标准的先进指标要求，综合考虑认证实施的可能性，编制无抗产品认证标准，为无抗认证提供依据；再次，积极探索无抗产品认证流程，基于无抗产品标准，对养殖全过程的抗生素使用情况进行监测，对满足不含有抗生素的产品进行认证；最后，通过无抗产品健康安全理念的传播，提高消费者对健康产品的认知，从而推动整个行业健康可持续发展。

2. 具体措施

（1）以无抗标准制定为无抗认证提供依据。为了响应党中央、国务院关于食品安全的重要指示精神，引领食品行业，特别是鸡蛋行业的正能量，积极履行企业的社会责任，正大集团与CQM方圆制定了国内首创的鸡蛋产品无抗认证标准——《蛋禽养殖及其产品 无抗产品认证技术规范》[①]，并率先通过无抗产品认证，如图5-14所示。此规范开了蛋品行业无抗认证的先河，已在国家认监委备案，成为颁发无抗证书的权威依据。

图5-14 无抗产品认证发布会

（2）依据鸡蛋产品无抗认证标准，CQM方圆研发了无抗产品认证。无抗产品认证是指在规定的养殖期限内，对采用不含有抗生素的饲料饲喂，不使用抗生素的防疫手段和治疗措施进行养殖而获得的产品进行认证。CQM方圆制定的《蛋禽养殖及其产品 无抗产品认证技术规范》提供了详细的操作指南，包括对养殖条件、饲料配方、疾病预防和治疗等方面

---

① 该标准于2020年进行修订，变更为《无抗产品认证技术规范 第2部分：蛋禽养殖》（CQMS-GK-GF-002: 2020）。

的具体要求。无抗产品认证的流程包括对养殖环境的评估、饲料成分的审核、养殖过程中的监控，以及最终产品的质量检测，确保从源头到成品的每一个环节都符合无抗标准。

（3）结合CQM方圆自身影响力，以无抗产品认证建立生产者与消费者之间的信任桥梁。通过正大集团和CQM方圆共同举办无抗健康相关论坛，向公众普及无抗产品的重要性和认证的意义，提高消费者对健康产品的认知，推动整个行业向更健康、更可持续的方向发展。通过无抗产品认证，正大集团可以提升其品牌形象，塑造一个负责任和注重消费者健康的形象，从而吸引更多注重健康和安全的消费者。

（四）项目实施给客户带来的价值

正大集团旗下多家蛋企，包括北京正大蛋业有限公司、慈溪正大蛋业有限公司、兰州正大蛋业有限公司、陕西正大蛋业有限公司、四川正大蛋业有限公司、新疆正大蛋业有限公司、云南正大蛋业有限公司、重庆正大蛋业有限公司、正大蛋业（广西）有限公司、正大蛋业（湖北）有限公司、正大蛋业（山东）有限公司、正大蛋业（上海）有限公司——已荣获CQM方圆颁发的无抗认证证书。这不仅是开创鸡蛋行业食品安全管理新高度的历史性事件，也是中国鸡蛋行业的大事，更是中国食品安全的大事，将对提升全国鸡蛋行业的食品安全产生重要的积极作用。

实施无抗产品认证在社会、经济等方面均取得积极成效。一是产品品质得到提升，增加产品附加值。在养殖过程中通过技术手段不使用抗生素，生产更优质、更健康的畜禽产品，同时增加了产品的附加值，给企业带来经济效益，提升市场竞争力。二是有助于人体健康。避免通过食品长期低剂量摄入抗微生物兽药，产生对人体健康的系列危害。三是促进畜牧业绿色健康可持续发展。通过无抗养殖技术，避免畜禽代谢或未经吸收的抗微生物兽药进入自然界，破坏生态平衡。四是为消费者提供高品质产品。通过无抗产品认证，在生产者和消费者之间建立信任的桥梁，让消费者可以"简单信任，放心选择"。

（五）客户反馈评价

正大集团旗下的多家蛋企荣获 CQM 方圆颁发的无抗认证证书，且经认证的产品一经投放市场，不仅以其优质受到广大消费者的欢迎，而且给生产企业带来了良好的经济效益。正大集团下一步将继续推进正大水产品等正大食品的无抗认证工作，为消费者提供更多更好的产品和服务。正大集团始终以"为消费者提供安全、健康、美味的食品"为宗旨，立志成为行业标准的建立者、行业标杆的树立者，为国家食品安全战略贡献一份力量。

案例四：草饲认证——草饲牛奶、奶粉母婴必备

（一）客户简介

优牧品原牧场是国内首家放牧型云智慧牧场，位于昆明市富民县望海山，距离昆明 50 分钟车程，占地 10320 亩，由来自以色列的阿米特和盖迪两位全球奶业设计大师设计。每一滴优牧品原牛奶都是优牧品原高原云智慧牧场的万亩生态缩影。优牧品原公司引进全套以色列阿菲金云智慧牧场管理系统，建设有机草饲放牧区、SC 标准乳制品生产车间、P2 标准微生物实验室、乳制品 36 项品控自检中心等硬件设施，其农场品质及调性定位对标瑞士格劳宾登州富尔纳黄金牧场，成为以高原特色乳制品为主导的产业，有机牧场种植、有机奶牛养殖、有机乳制品加工为一体的全产业链实体企业。

（二）客户需求

近年来，畜牧产业发展势头强劲，草饲更强调为奶牛提供天然的放牧条件，对环境、奶牛饮食、抗生素、激素使用等都有严格要求。与普通牧场的谷饲奶牛相比，草饲奶牛以户外放牧、食用鲜草为养殖特点，所产牛奶更强调天然属性和营养价值。客户在草饲认证项目中的需求如下。

一方面，客户需要一套全面、系统的草饲产品标准，涵盖饲养条件、放牧时间、草饲饲料比例、动物福利、疾病防治等要素，以确保认证的科学性和权威性，促进产品的高端化培育。

另一方面，客户期望CQM方圆依据先进的标准开展草饲认证工作，通过现场检查和评估，推动产品生产流程的规范化与标准化。

（三）CQM方圆一体化实施方案

1. 方案设计

为满足草饲产品认证市场需求，CQM方圆依据"标准·认证+"理论，设计了一体化实施方案。该方案通过制定科学严谨的草饲产品认证标准，如《草饲产品认证技术规范通则》（CQM/NS-GK-GF-007：2021）等，确保认证过程的标准化和规范化。同时，CQM方圆通过现场检查和评估，为符合条件的农场和企业提供认证证书，提升产品的市场认可度。

2. 具体措施

基于草饲认证市场需求，CQM方圆自行制定了草饲相关认证标准，开展了草饲认证，为消费者提供"可证明""可溯源"的高品质产品。

（1）制定符合市场需求的草饲认证标准。2021年3月，CQM方圆制定了草饲相关认证标准，包括《草饲产品认证技术规范通则》（CQM/NS-GK-GF-007：2021）、《草饲产品认证技术规范草饲奶牛》（CQM/NS-GK-GF-008：2021）、《草饲产品认证技术规范加工》（CQM/NS-GK-GF-009：2021）、《草饲产品认证技术规范草饲肉牛》（CQM/NS-GK-GF-010：2021）、《草饲产品认证实施规则》（CQM/NS-GK-GZ-003：2021）。

（2）协助开展草饲认证。CQM方圆依据草饲相关认证标准开展草饲认证工作，认证流程如图5-15所示，通过现场检查且符合认证相关要求后，30天内向认证委托人出具认证证书，如图5-16所示。优牧品原牧场于2023年4月获得国家认监委备案的草饲产品认证（牧草种植、畜牧养殖、奶牛初级工）和有机产品认证，2023年限定有机草饲乳制品产量720吨，获批有机产品巴氏鲜奶、原味酸奶、香草酸奶、酪味酸奶、

第五章 "标准·认证+"实践案例

芝士酸奶 5 个产品种类，成为国内极少数有机和草饲双认证牧场，同时企业也通过国际认证联盟（IQNet）认可的 ISO 9001 质量体系全过程认证（牧草种植、畜牧养殖、奶牛初级工），获得在北美及欧盟市场的准入资格。

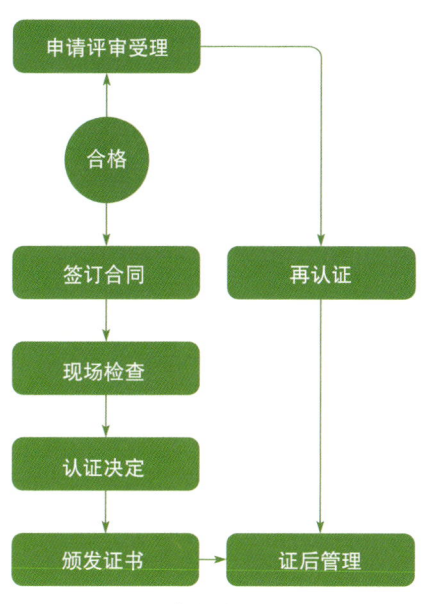

图 5-15 草饲产品认证流程

图 5-16 草饲产品认证证书

109

（3）推动品牌化宣传。CQM方圆使用新媒体矩阵宣传草饲产品。如CQM方圆在小红书CQM生活家上积极推广草饲牛奶，介绍了草饲养殖和经CQM方圆草饲产品认证的草饲牛奶具备的特点，如图5-17所示。

图5-17 小红书CQM生活家上的宣传广告

通过实施上述措施，CQM方圆满足了客户的现实需求，不仅帮助客户实现了草饲产品认证的目标，还助力客户在市场中树立了高品质的品牌形象，开拓高端产品市场。CQM方圆通过加强食品安全风险控制，极大提升了客户服务水平和满意度。

（四）项目实施给客户带来的价值

优牧品原通过开展草饲认证获得了显著的经济社会效益，截至2023年年底，农场在昆明有16个CBD综合体自营店，服务昆明40000多个家庭，先后为云南省机关事务管理局后勤保障处、云南省人民检察院、中国农业银行昆明分行、昆明市机关事务管理局服务中心、昆明市人民检察院等30余家政企单位提供职工食堂乳制品采购服务。自完成认证以来，优牧品原以客户为中心、以食品安全为第一的服务理念赢得所有客户的一致好评，实现零事故、零违约、零投诉的辉煌服务业绩。2023年牧场入选云南省教育厅中小学劳动实践教育基地名录，平均每年接待亲子、研学、科普等农旅项目 1 万人次，如图 5-18 所示。

图 5-18 中小学劳动实践教育基地

图 5-19 为优牧品原线下门店展示。

图 5-19 优牧品原线下门店展示

优牧品原主要产品展示，如图 5-20 所示。

图 5-20　优牧品原主要产品展示

（五）客户反馈评价

CQM 方圆积极与优牧品原进行合作，在项目初期的研发和项目具体内容的制定方面均提出建设性建议并为客户所采纳。客户对该项目专家团队的专业性和工作方式充分信任，对专家团队服务态度和工作效率充分肯定，将 CQM 方圆的"六化三步"模式运用于公司的实际运营中，给予 CQM 方圆高度的赞扬和认可。

案例五：质量标准与国际接轨开辟苏美达纺织"三同"工作新路径

为全面贯彻落实《市场监管总局 商务部关于推进内外贸产品"同线同标同质"工作的通知》（国市监认证发〔2021〕76号）文件精神，稳步推进"同线同标同质"（以下简称"三同"）工作落地落实，在国家市场监管总局的指导下，在江苏省市场监管局的大力支持下，CQM方圆通过前期成功试点，为江苏苏美达纺织有限公司（以下简称苏美达纺织）等江苏省内知名纺织品生产企业颁发了全国纺织行业首批"三同"认证证书，同时为符合条件的企业颁发了国推绿色产品认证证书。

（一）客户简介

苏美达纺织隶属于中国机械工业集团核心成员企业——苏美达股份有限公司（以下简称苏美达股份），是一家集设计研发、实业制造、商贸服务、自主品牌建设于一体，年营业收入超30亿元的纺织产业企业。旗下拥有9家全资公司、4家参股公司、2个海外办事处、3个海外销售代表处，其中全资拥有4家实业工厂、3家海外公司和2家国内公司，在职员工总数超1500名。

20多年来，苏美达纺织一直专注于家用纺织品和家居用品领域，始终秉持"贸工技"一体化发展模式，坚持国际与国内市场并重、贸易与品牌建设并举，国际化经营特征明显、产业链整合能力突出，致力于成为在数字化驱动的纺织行业综合服务商、国资央企中推进自有品牌全球化发展壮大的重要力量。

苏美达股份与CQM方圆合作10余年，分别在本部和分子公司的体系、产品认证业务及绿色工厂创建、质量奖申报等方面开展了深度合作。

（二）客户需求

自2020年开始，受新冠疫情影响，全球通货膨胀、供应链短缺等问题难以在短期内解决，支撑外贸出口增长的因素减弱，风险挑战加剧。面对这一外部挑战，苏美达纺织坚定融入和服务扩大内需战略，深入国内市场布局，以产品质量为抓手，加大创新研发力度，制定实施品牌发展策略，积极开发线上线下营销渠道。其客户需求如下。

首先，为满足国内外市场需求，需要提升产品质量，助力企业实现内外贸一体化与协同发展。

其次，由于国内消费者普遍对外贸企业品牌缺乏认知，需要提升企业自身品牌在国内的知名度与影响力。

最后，企业发展战略要求响应绿色低碳循环发展要求，立足高端产品定位，迈向高质量发展。

（三）CQM方圆一体化实施方案

1. 方案设计

面向高端纺织产品生产企业提升自有品牌在国内的知名度与影响力的需求，以"标准·认证+"理论及"六化三步"模式为指导，进行一体化方案设计，探索纺织行业"三同"认证工作路径。"三同"是指按照相同标准、相同质量要求在同一生产企业生产既可内销又能满足境外特定目标市场要求的产品。

首先，CQM方圆开展广泛调研和深入研究，根据国内市场和消费者需求，提出"三同"品牌打造及认证制度标准体系建设思路；其次，了解目前省内纺织品生产企业执行标准与国推绿色产品相关标准、国际先进标准的差异性，了解企业推进"三同"工作的难点，探讨国推绿色产品认证与"三同"认证结合的可行性及结合点；最后，立足纺织品高端品质属性编制相关标准，并通过实施企业和产品认证实现"可证明"。基于"三同"认证和国推绿色产品认证有机融合推进品牌发展策略，提升品牌知名度和竞争力，助力企业实现内外贸一体化与协同发展。

2. 具体措施

首先，以先进标准指标要求定位绿色高端产品，以"同标"为着力点，提升产品标准化水平。自国家市场监管总局正式启动"三同"认证工作以来，CQM方圆基于广泛调研和深入研究，对标国内外先进标准要求，依据国内外先进标准要求制定了纺织品"三同"认证标准，并选取消费者关注度高、涉及面广、对人体相对影响较大的有害物质进行规定，编制《"同线同标同质"纺织产品技术规范》（STAT CQM 2401—2022）。同时，CQM方圆将国际上应用范围较为广泛、具有权威性的纺织品认证Oeko-TEX®Standard 100纳入"三同"认证范围，有效提升纺织品"三同"认证的国际一致性，体现了"三同"认证的绿色高端定位。

其次，创新"一次认证、两张证书"模式，助推"三同"高质量发展。为助力绿色低碳循环发展，彰显"三同"产品的高端品质属性，CQM方圆立足纺织品高端品质和绿色属性，创新性地将"三同"认证和国推绿色产品认证有效融合，符合相关条件的企业可以通过一次认证同时获得"三同"认证和绿色产品认证两张证书。"三同"认证采取目前国际上最为严格的第五种产品认证模式，即型式试验+工厂质量体系评定+认证后监督，通过工厂检查和样品检测证明企业具备生产符合"三同"认证标准要求产品的能力，同时通过每年监督，确保企业持续具备这种能力。

最后，"三同"认证提升了品牌影响力和知名度。很多消费者对外贸企业品牌缺乏认知，这一直是外贸企业难以打开国内市场的痛点。苏美达纺织以此为契机，真正做到了以下几点：一是发挥企业品牌优势，培育出拥有一定影响力、知名度和引导力的自有终端品牌，推动品牌形象、品牌价值深入人心，稳定并不断提高市场占有率；二是依托资源和能力优势，积极开发品牌授权业务，将国际知名品牌引进国内市场，或与知名IP开展联名合作，拓宽营销渠道；三是加大对内部营销团队的培训力度，或寻求与外部专业机构开展合作，不断提升品牌运营能力、服务质量，传播品牌价值，扩大品牌销量。

（四）项目实施对客户产生的价值

本项目的实施使苏美达纺织等江苏省内高端纺织产品生产企业受益匪浅，更是成功地诠释了"标准·认证＋"理论和"六化三步"模式在实践中的运用，为客户带来了良好的经济效益和社会效益。

CQM方圆通过"三同"认证解决了内外销产品质量不同的问题，帮助企业和国内消费者之间建立对内销产品的信任；发挥认证通行证作用，新冠疫情期间，产品出口遇到困难，通过国内国际标准比对，帮助企业通过一套标准同时满足内销和出口需求，降低企业负担，助力双循环；发挥认证"体检证"作用，梳理国内标准高于国外标准的优势，打造高质量"三同"，响应高质量发展，有助于质量提升。同时，环保、绿色、低碳的产品符合国内外市场最新流行趋势和客户全新消费理念，不仅创造了可观的规模效益，而且带动了供应链合作伙伴共同发展，为形成以苏美达纺织为龙头的产业生态圈打下了良好基础。

"三同"认证帮助企业对标国际先进标准，提升管理水平和产品质量，证明产品内外销同质，增强了消费者信心，显著提升了苏美达纺织旗下BERKSHIRE品牌及化纤绒毯系列产品在国内的知名度与影响力。苏美达股份在集团内部加大推广力度，进一步推动产品质量标准与国际标准接轨，旗下轻纺实业作为国内知名品牌FILA（斐乐）的生产基地也于2023年通过"三同"认证，有效发挥认证助力双循环畅通、推动产品质量与国际标准接轨的重要作用。

（五）客户反馈评价

江苏省市场监管局、CQM方圆携手推动"三同"认证试点工作，苏美达纺织积极参与本次试点工作。为打造省内第一张纺织企业"三同"认证名牌，苏美达纺织提高标准、改进生产方式、提升质量，在提升了产品内销竞争力的同时，实现主营出口业务持续增长。"三同"认证也是对苏美达纺织节约能源资源、发展循环经济、强化低碳经营的认可，为其产品贴上了一枚亮丽的绿色标签，增加了国内外消费者对绿色低碳产品的认同与信任。

二、管理能力提升

案例一：安踏体育用品 QMPP 供应链赋能体系建设

（一）客户简介

安踏体育用品集团有限公司是一家专门从事设计、生产、销售运动鞋、服装、配饰等运动装备的综合性、多品牌的体育用品集团。安踏集团旗下拥有 ANTA（安踏）、FILA（斐乐）、DESCENTE（迪桑特）、KOLON SPORT（可隆体育）等多个知名运动品牌。安踏集团经过 30 多年的发展，已从一家传统的民营企业转型为具有现代化治理结构和国际竞争能力的全球化公司。

安踏集团以"将超越自我的体育精神融入每个人的生活"作为企业使命，确立了"消费者导向、专注务实、创新超越、尊重包容、诚信感恩"的五大核心价值观。安踏集团坚持"单聚焦、多品牌、全球化"的发展战略，构建了"以消费者为导向，高标准对标，推动产业链协同，与合作伙伴共生"的全球化多品牌运营管理体系，以满足全球消费者多元化需求和企业可持续发展的要求。安踏集团已在中国、美国、日本、韩国、意大利等国家建立了全球设计研发中心，吸纳了来自 18 个不同国家和地区的 200 多名设计研发专家。截至 2022 年年末，安踏集团已累计申请国家创新专利 3000 多项。2009 年至 2024 年，安踏集团携手中国奥委会累计投入超过 50 亿元支持中国体育事业发展，将中国体育品牌的文化、价值与国际奥林匹克文化进一步融合，为中国体育运动品牌的国际化积累有益的实践，如图 5-21 所示。

近年来，安踏集团屡获殊荣——福布斯全球最受信赖公司、最佳投资者关系公司、福布斯最佳雇主、德勤中国卓越管理公司、2020 全球最有价值的 50 个服饰品牌、亚洲最佳上市公司 50 强、中国企业公民责任品牌 50 强、中国最具价值企业、Brand Finance 全球品牌价值 500 强、《财富》

中国 500 强、世界最佳雇主 500 强等。

图 5-21　安踏集团携手中国奥委会

（二）客户需求

安踏集团经营采用多品牌策略，需要强大的市场网络和供应链体系支撑。安踏集团的利益与供应链企业的利益休戚相关，原料供应商（如面料、鞋底等）和成品鞋供应商的产品质量均会对安踏品牌形象造成极大影响。多年来，安踏集团一直在供应商赋能方面不遗余力地努力着，从供应商的实验室认证，QC（Quality Control）工程师认证，到成品供应商和鞋底供应商的质量管理体系认证，一直在推动供应商共同提升管理水平和产品品质。

为了更好地提升产品品牌，稳定产品品质，安踏集团秉承"质量助企成长"的思想，深入探讨如何通过提高产品质量、优化质量管理流程、强化品牌建设等手段实现企业的可持续发展。其客户需求如下。

首先，供应商的能力和水平参差不齐，因此，需要对供应商进行分级管理，提升供应商的质量和水平。

其次，安踏集团的发展战略对供应商提出了更高的要求，需要供应商自发地跟随安踏集团的发展脚步进行全面质量提升。

最后，为满足市场需求，需要加强安踏集团与供应商之间的紧密连接和信息共享，建立安踏集团的快速反应机制。

（三）CQM 方圆一体化实施方案

1. 方案设计

面向安踏集团供应链质量提升的需求，以"标准·认证+"理论为指导，系统融合"六化三步"模式，针对供应商存在的问题，进行一体化方案设计，探索安踏供应商质量提升工作路径。

首先，通过调研、走访等方式，为安踏集团供应商企业问诊把脉，深入了解安踏集团供应商当前面临的关键问题和需求。其次，围绕供应商企业能力和水平参差不齐的问题，导入质量管理体系认证，通过质量管理体系的宣贯、培训及赋能指导、质量管理体系审核等工作，提升供应商质量保证水平。最后，依据供应商质量管理体系审核标准和办法对供应商进行评价分级，督导供应商保持和不断提升质量管理水平。

同时，为建立安踏集团的快速反应机制，以数字化强化安踏集团与供应商之间的连接和快速触达，实现安踏集团的快速反应和质量提升；以品牌推广提升安踏品牌影响力和价值，实现企业的可持续发展。

2. 具体措施

第一，以质量管理体系审核要求标准化促进供应商质量水平持续提升。在供应商质量管理体系审核指南和要求制定的过程中，考虑针对不同品牌供应商的评价要求为安踏集团走向国际化提供基本源动力。针对安踏集团的不同品牌，制定不同的供应商质量管理体系审核评价标准，对于国际运动品牌，为确保产品设计和质量的稳定输出，需制定具有针对性的供应商质量管理体系审核评价要求，确保最终产品适应国际化需求，从而推动安踏集团更好地走向国际化。

第二，基于具有针对性的供应商质量管理体系审核指南和要求，通过供应商质量管理体系认证对供应商质量管理体系实施情况进行证明。结合质量审查规范和制度，对供应商质量管理体系实施情况进行评价和审核，给通过审核评价的供应商颁发质量评价证书，对供应商质量管理体系实施情况进行证明。

第三，以数字化建设推动安踏集团及供应链的系统化建设和快速反应机制的建立。借助数字化方法和工具，CQM方圆与安踏集团共同建设数字化平台，将供应商质量体系审核评价结果导入数字化系统，并督促其供应商进行数字化改造升级，以数字化强化安踏集团与供应商之间的连接和快速触达，实现安踏集团的快速反应和质量提升。

第四，结合CQM方圆自身影响力，以品牌推广提升安踏品牌影响力。举办和参与相关质量发展论坛、培训会、供应商交流会等，通过优秀案例经验分享和交流学习，促进供应商共同感知其质量水平和学习方向，同时加强CQM方圆和安踏集团的合作黏性，提升安踏品牌的影响力，将安踏集团的服务理念更好地传达给相关方，促进品牌价值的实现。

第五，通过对安踏供应商质量管理体系实施要求进行标准化认证、品牌宣传等，实现产品质量提升、质量管理流程优化、品牌价值提升，推动安踏集团的可持续发展。同时，综合考虑区域产业发展，通过为质量管理体系评价合格的供应商颁发认证证书，为泉州晋江区域内鞋服产业链的其他企业提供供应商遴选支持。其他品牌或企业可以直接结合供应商质量管理体系认证情况，筛选合作供应商，在节约供应商评价成本的同时，保证了供应商质量，推动产业链总体质量提升。

（四）项目实施给客户带来的价值

本项目的实施使安踏集团及其众多供应商受益匪浅，更是成功诠释了"标准·认证+"理论和"六化三步"模式在实践中的运用，为客户带来了良好的经济效益和社会效益。

在项目实施过程中，参照认证审核过程模式，CQM方圆对供应商实施项目的亮点和不足给予客观评价，并为通过评价的供应商颁发QMPP（质量标准、管理要求、生产制程、生产专项）质量体系评价证书，证明供应商体系的实施情况，作为安踏供应商评级最为重要的依据之一。CQM方圆对供应商中良好的实践案例进行总结和经验提炼、升华，通过供应商交流会进行分享，营造比、学、赶、帮、超的氛围。通过举办质量发展论坛、推广培训会等，进行精彩的经验分享，受到了与会人员和企业的高度赞扬，也得到了《中国质量报》的关注和报道。

安踏集团和供应商是该项目实施的最大受益者，自2020年项目实施以来，众多供应商质量管理体系得到落地执行，供应商的产品质量持续提升，供应商严格执行QMPP项目的要求。在以后的4年里，CQM方圆与安踏集团积极沟通和持续优化QMPP的检查要点，使该项目一直适应安踏集团的持续发展需求。

（五）客户反馈评价

CQM方圆积极与安踏集团合作，从项目初期的研发到项目具体内容的制定，均提出建设性建议并为安踏集团所采纳。在实施项目的4年里，CQM方圆审核员以专业而公正的审核风格，对安踏集团供应商质量管理水平进行客观评价，对安踏QMPP项目进行系统梳理和总结，得到了安踏集团及其供应商的认可。

另外，在质量、环境和职业健康安全管理体系认证方面，安踏集团是CQM方圆20多年的合作伙伴。CQM方圆还为安踏集团部分供应商的体系建立辅导，进行管理培训和内审员培训等。值得一提的是，在"2023年第五届中国质量奖"的评选中，由CQM方圆辅导的安踏集团，获得"中国质量奖提名奖"的殊荣，其中，QMPP项目也是申报亮点之一。CQM方圆显然已成为安踏集团的战略合作伙伴。

案例二：构建卓越经营体系，助力御冠公司高质量发展

（一）客户简介

福建御冠食品有限公司（以下简称御冠公司）成立于2015年6月，位于福建省福清市。御冠公司专注于肉类美食制品，打造速冻肉制品、速冻鱼糜制品和速冻菜肴制品和即食产品"3+1"产品系列。御冠公司坚持把食

品安全放在首位，把握国内消费升级机遇，满足人们生活方式和内容不断变化的需求，加大技术研发和产品创新，进一步提升品质、打响品牌、拓展市场，为群众提供更多更好的绿色安全健康食品。

近年来，御冠公司通过"立足福建，辐射全国，多层次，全渠道"的营销战略布局，建立线上线下全渠道立体式营销网络，覆盖福建、北京、上海等30多个省、市，与永辉超市、步步高超市、中百罗森超市、Today便利连锁、苏宁小店、美宜佳、万德隆等知名商家建立战略合作关系。御冠公司主营的大单品火山石道地肠系列、澎湖墨鱼爆蛋系列被评为行业领军品牌。

御冠公司获"农业产业化国家重点龙头企业""国家高新技术企业""国家防疫保障企业""中国农业企业500强"等荣誉称号，是福建省重点上市后备企业、福建省冷冻调理食品生产标杆企业。

（二）客户需求

近几年，御冠公司的业务发展迅速，步入发展的快车道。公司近几年广聘英才，来自国内头部食品企业、零售及快消领域的技术及管理骨干人员陆续到位，公司高层领导迫切希望通过引进先进管理模式及工具方法，全面夯实各领域、各系统及各职能部门的管理基础，实现公司又快又好的发展。客户需求主要表现在以下几个方面。

第一，完善战略管理体系，为公司管理人员达成战略共识、战略目标科学分解，以及日常经营目标分析和改进提供依据。

第二，优化组织结构和权责体系，重新梳理部门接口及权责，确保权责合理分配；并制定部门绩效体系，加强人员绩效考核，提高员工的工作积极性。

第三，系统梳理和优化公司的各级流程，以流程驱动管理，以流程创造价值，以流程破解部门墙，以流程提升股东、顾客、员工及合作伙伴的满意度。

第四，强化标准化及风险管理工作，全面评审公司各项业务流程的标准化文件的适用性，以及满足国家法律法规及相关要求的能力，从而提升工作效率，减少运营风险。

第五，完善管理类人才培育体系。随着公司的快速发展，管理人员队伍经验欠缺，希望通过导入先进管理模式及体系，为公司培养一批熟悉业务并懂管理的人才梯队。

（三）CQM 方圆一体化实施方案

1. 方案设计

基于御冠公司整体管理水平提升的需求，以"标准·认证+"理论为指导，系统融合"六化三步"模式，针对御冠公司在战略管理、组织管理、流程管理、标准化文件管理及人才管理等方面存在的不足，进行一体化方案设计，探索御冠公司管理质量和绩效提升的新路径，明确项目方向及优先顺序，如表 5-1 所示。

表 5-1　明确项目方向及优先顺序

改善方向	重要及紧急程度	改进内容	优先顺序
企业文化体系	★	企业核心理念构建、文化落地、文化认同	6
战略管理体系	★★	战略管理流程、战略管理制度	5
组织结构及部门权责体系	★★★	明确部门定位及部门各岗位权责	3
流程体系	★★★★	基于公司战略及价值链理顺全公司流程体系	2
现场改善及标准化管理体系	★★★★★	质量、环境、安全管理体系全面导入，现场管理、基层管理人员能力提升等	1
绩效管理体系	★★★	组织绩效指标构建，绩效分析评价系统打造，标杆管理	4

CQM 方圆项目组通过现场调研，并与御冠公司沟通后，运用 CQM 方圆"标准·认证+"理论，借助《卓越绩效评价准则》中的先进管理标准，为企业量身定制了一套解决方案，即"文化引航、战略统领、客户驱

动、组织支撑、流程衔接、标准落地、绩效监测"的一体化解决方案，如图 5-22 所示。CQM 方圆通过实施先进管理标准体系认证，促进不同管理模块的系统整合与平衡，塑造御冠公司的核心能力，进而全面提升公司的综合管理水平，为御冠公司快速健康发展提供有力保障。

图 5-22　御冠食品一体化解决方案

2. 具体措施

导入质量管理体系，以提升质量管理能力和标准化水平。CQM 方圆为御冠公司全面导入质量、环境、安全管理体系，综合考虑市场需求及当前御冠公司在战略管理、组织管理、流程管理、标准化文件管理及人才管理等方面存在的不足，引导御冠公司基于企业实际建立组织运营与现场管理的标准化体系，并及时与其签署责任书。

CQM 方圆以"培训 + 教练式辅导"的方式带动御冠公司具体实施管理的改进，并以问题为导向，通过问题的解决，培养人员能力。

上述一系列措施，推动了御冠公司的优化升级，提升了其整体的管理水平。

在导入质量管理体系的基础上，CQM 方圆协助御冠公司构建以使命、愿景、核心价值观为核心的御冠特色文化体系，提出"为消费者创造高端美食享受"的使命、"成为中国高品质肉类美食引领者"的愿景、"守正、创新、高效、共赢"的核心价值观等文化理念。CQM方圆基于御冠公司综合管理能力提升的需求，帮助御冠公司积极进行组织结构和流程优化。通过御冠特色文化体系的宣贯和引导、组织结构和流程的优化，帮助企业统一思想、凝聚共识，提升企业凝聚力和向心力。表5-2为明确项目内容及项目成果。

表 5-2 明确项目内容及项目成果

改进专项	项目内容	项目成果
企业文化体系	企业核心理念构建，文化落地，文化认同	建立以使命、愿景、核心价值观为核心的企业理念体系，并建立文化宣贯落地、测量体系
战略管理体系	战略管理流程、战略管理制度	建立御冠特色的战略分析、部署和跟踪管理体系
组织结构及部门权责体系	明确部门定位及部门各岗位权责	从战略与业务一线出发，在流程设计的基础上，借鉴业界实践经验，梳理组织架构，理顺权责
流程体系	基于公司战略及价值链理顺全公司流程体系	以价值链为导向建立企业多层级流程管理体系，通过规范化的流程，使工作例行化，并减少不增值的活动
现场改善及标准化管理体系	质量、环境、安全管理体系全面导入，现场管理、基层管理人员能力提升等	建立企业现场管理标准化体系
绩效管理体系	组织绩效指标构建，绩效分析评价系统打造，标杆管理	建立公司、部门、员工三级绩效管理体系

（四）项目实施给客户带来的价值

御冠公司在项目实施后，经营管理体系得到全面优化，也锻炼和培养了一支优秀的人才队伍，取得了良好的经济效益和社会效益。

通过质量、环境、安全质量管理体系的全面导入，提升了御冠公司质量管理能力和标准化水平；建立分级战略管理体系，明确战略目标，进一步加强企业的核心竞争力；通过建立以使命、愿景、核心价值观为核心的企业理念体系，并进行宣贯，促使员工文化认同度大幅提升，员工流失率显著下降，提升了企业凝聚力和向心力。

在 CQM 方圆的一体化方案的指导下，御冠公司明确了部门职责，编写了员工岗位说明书，构建了职位和职级体系，厘清了各部门和各岗位权责，组织效能得到大幅提升。御冠公司荣获"农业产业化国家重点龙头企业""国家高新技术企业""中国农业企业 500 强"等称号，同时在 2022 年获得"福州市政府质量奖"，员工的满意度不断提升。

（五）客户反馈评价

经过 CQM 方圆项目组与御冠公司高层领导、各级部门领导及推动小组成员的共同努力，御冠公司卓越经营管理体系项目取得了圆满的成功，得到御冠公司总经理的高度认可和企业员工的一致好评，一些客户还给御冠公司写了感谢信，如图 5-23 所示。

图 5-23　客户感谢信

案例三：体系融合及质量认证助力湖南高速集团提升企业管理水平

（一）客户简介

2018年9月，湖南省政府批复同意省高速公路建设开发总公司改制更名为湖南省高速公路集团有限公司（以下简称湖南高速集团），集团正式挂牌成立。湖南高速集团原名为湖南省高速公路管理局，为归口省交通运输厅管理的事业单位。

湖南高速集团是省内最大的交通基础设施投资建设运营平台，业务范围主要是高速公路投资建设运营和高速公路相关产业经营。截至2023年年底，集团经营管理省内78条、6286千米高速公路，占全省已通车高速公路（7530千米）的83.5%；在建高速公路12条，总里程1167千米，总投资1825亿元；资产总额约为6900亿元，是湖南省资产规模最大的非金融类国有企业，国内信用评级保持AAA级。

（二）客户需求

"十四五"期间，湖南高速集团将构建"四轮驱动"格局，打造"三大支撑"体系，即构建以高速公路投资、高速公路建设、高速公路运营、高速公路产业经营为驱动力的发展格局。湖南高速集团深耕高速公路投资建设运营，打造"核心支撑"；强化高速公路金融服务平台，打造"平台支撑"；形成高速公路全产业链，打造"产业链支撑"，提升集团在高速公路产业链中的地位，提高集团抗风险能力。

湖南高速集团虽然由事业单位转企时间不长，现代化企业管理水平有待提升完善，但在高速公路建设、运营方面具有丰富经验，如何将这些先进经验提炼并不断完善进而固化下来，建立现代化企业管理体系，是其亟待解决的问题。

(三) CQM 方圆一体化实施方案

1. 方案设计

基于湖南高速公路集团现代化企业管理水平提升的需求，CQM 方圆以"标准·认证＋"理论及"六化三步"模式为指导，为湖南高速集团进行一体化方案设计。

CQM 方圆以引入管理体系认证为主线，在实施过程中完全跳脱管理体系认证传统模式，结合 ISO 管理体系高阶架构，充分运用全面风险管理与 COSO 内控管理工具[①]，通过管理诊断、体系架构设计、建设和运营业务模块标准化管理，全面融合风险、内控与合规经营要求，为湖南高速集团构建一套完整且全面的管理体系。

在开展管理体系建设的同时，基于大型集团性质国有企业管理的需要，项目实施过程中需融合国有企业内控、风控和合规管理要求，构建全员参与、管控有效、协调运转、自我完善的集团一体化管控体系，提升管理水平内部成熟度和外部认可度，为湖南高速集团高质量发展提供可靠、有力的管理支撑和保障。

2. 具体措施

以质量管理体系建设融合风险、内控与合规经营要求，持续提升管理能效。基于客户需求，CQM 方圆通过引入质量管理体系 ISO 9001：2015（GB/T 19001—2016）、环境管理体系 ISO 14001：2015（GB/T 24001—2016）和职业健康安全管理体系 ISO 45001：2018（GB/T 45001—2020）系列标准的管理理念，以内控、合规、风控的相关要求为参考，在湖南高速集团多项制度和管理流程出台的基础上，进一步完善集团内部管理流程。重点围绕项目建设、运营管理板块，针对风险管理与内部控制核心环

---

① COSO 内控管理工具是指由 COSO 委员会提出的一套内部控制框架，旨在帮助企业和其他组织评估并完善其内部控制系统。COSO 内控管理工具的核心内容包括五个相互关联的组成部分：控制环境、风险评估、控制活动、信息与沟通、监督。这些要素共同作用，帮助企业实现其经营目标、财务报告目标和合规性目标。

节，构建系统化、标准化、模块化管理机制，提炼关键绩效指标，监督和评价管理机制，以督促管，持续提升管理能效，从而实现管理全过程高效运转，保障管理体系的适宜性和有效性。

（四）项目实施给客户带来的价值

在项目实施过程中，通过标准和体系运行、内审培训，帮助客户自集团公司到下属分公司形成全员参与质量管理的氛围，切实提升员工质量管理水平；通过管理诊断、内审和外审，CQM 方圆总计为湖南高速集团提出改进建议与措施 60 余项，获得其高度认可。

（五）客户反馈评价

通过切实在企业现场驻点，了解企业实际运转情况、管理现状、制度建设的基础上，为企业构建全员参与、管控有效、协调运转、自我完善的集团一体化管控体系。湖南高速集团对 CQM 方圆项目工作组的认真负责和工作能力给予了高度认可，对 CQM 方圆的服务水平给予了高度评价，对质量认证也有了切合业务实际、解决实际问题的新认识。

案例四：康尼机电 ISO 56005 创新管理体系分级评价

（一）客户简介

南京康尼机电股份有限公司（以下简称康尼机电）是一家专注于机电核心技术研究和应用的创新型企业。康尼机电坚持"以机电技术为核心的智慧交通装备平台"战略定位，形成"以轨道交通产品为核心业务、以新能源汽车零部件产品为成长业务、以智能健康产品等为种子业务"的多元经营发展格局。康尼机电的主要业务为轨道交通门系统的研发、制造、销售与技术服务，主要产品包括轨道车辆门系统、站台安全门系统等。其中，其核心产品城轨车辆门系统连续 10 多年在国内市场保持高占有率，产品出口美国、法国、加拿大等 30 多个国家和地区。康尼机电是中国中车、阿尔斯通、CAF、TALGO 等国际著名轨道车辆制造商战略合作伙伴和供应商。

康尼机电是一家具有自主创新能力、自主知识产权的高新技术企业，同时拥有国家认定企业技术中心、国家级博士后科研工作站，先后被授予"国家高技术产业化示范工程""国家技术创新示范企业""国家知识产权示范企业""国家制造业单项冠军示范企业""国家智能制造示范工厂""国家首批两化融合管理体系贯标企业""江苏省省长质量奖"等荣誉资质。康尼机电还设立了机械工业轨道车辆自动门工程研究中心、江苏省轨道交通车辆门系统重点实验室、江苏省轨道车辆自动门工程技术研究中心等多元化创新平台。

（二）客户需求

康尼机电始终秉承"客户为先、持续创新、奋斗务实、协作开放"的价值观，坚持"以机电技术为核心的智慧交通装备平台"战略定位，致力于机电技术创新，助力交通强国建设，努力成为一家受青睐、受尊重、受推崇的企业。为实现以上愿景，康尼机电制定了《战略发展规划纲要（2022—2027）》，其中对康尼机电经营环境、方向选择、商业版图、战略目标设置、战略实施重点工作进行了分析和明确，制定了企业发展总体战略、创新战略和业务战略，形成了康尼机电战略规划金字塔。

为实现战略目标，康尼机电面临以下需求。

（1）为提升企业知识产权管理效能，需要通过标准化手段，提高创新与知识产权融合的管理水平，确保知识产权作为创新价值的体现，能够得到有效利用和保护。

（2）为促进企业创新成果转化，需要将知识产权管理活动嵌入创新全过程，以提升创新效率、质量和效益。

（3）企业可持续发展需要通过创新和知识产权的利用和保护，增强市场竞争力。

（三）CQM 方圆一体化实施方案

1. 方案设计

基于客户对于创新和知识产权管理效能提升的需求，CQM 方圆以"标准·认证+"理论和"六化三步"模式为基础，提出了创新与知识产权管理全生命周期解决方案。《创新管理—知识产权管理指南（ISO 56005）》是由我国提出并主导制定的首个知识产权管理国际标准。该标准汇集了全球创新领域专家和知识产权专家的智慧，吸收了全球创新管理最先进的理念，是中国创新和知识产权管理实践与全球先进管理理念的融合，得到了全球主要经济体的一致认可。在标准架构上，知识产权全生命周期管理对应创新全生命周期管理，实现了知识产权和创新全过程管理的有机融合。

创新与知识产权管理能力采用双线分级评价的方式。过程与结果并重，通过管理体系线和专利质量线双重评价，以评促建，推动组织实现创新与知识产权融合管理高质量发展。通过打造 CQM 方圆创新与知识产权产品矩阵，为客户提供从研发创新、知识产权保护、知识产权风险管理、商业秘密保护管理到创新价值实现、专利产品验证的全生命周期服务。

2. 具体措施

（1）明确了知识产权定位和战略。为了进一步提升企业的市场竞争力，作为国内外轨道交通门细分领域的龙头企业，康尼机电要坚持不断创新。知识产权战略方针和目标作为推动组织创新目标实现的重要工具，其适宜性和有效性尤为重要。在经济发展日益依赖知识和创新的背景下，知识产权被视为促进创新、吸引投资、保护创造性成果的关键工具。康尼机电同样视知识产权为创新价值的具体体现，也是实现创新价值的工具。

康尼机电自 2005 年大力开展知识产权建设，明确了知识产权的作用和目的。2009年开始全面实施知识产权战略，并于2021年完成三轮战略规划和滚动实施。通过知识产权战略的实施，康尼机电知识产权管理水平、风险管理能力得到显著提升。康尼机电的第四轮知识产权战略规划（2022—2024）于2022年12月19日通过公司总裁办公会决议后正式实施。康尼机电在制定知识产权战略时，充分考虑了其在行业中的地位、发展愿景和基本条件，显示出其对知识产权的重视和深思熟虑。其已确立了"不断加强知识产权与技术创新的深度融合，积极推动知识产权与企业研发、生产、市场等各业务环节协同发展，为企业大发展创大业助力护航"的知识产权战略方针，这一方针与组织的总体战略目标紧密相连，专注于提升企业竞争优势；明确了知识产权战略目标，包括对专利数量、专利质量、知识产权运用、知识产权风险、知识产权相关人员的能力要求、知识产权管理软硬件设施等各方面的要求。

（2）搭建实现战略的组织环境和人才团队。要实现战略目标，领导重视是第一位。康尼机电的最高管理者系统有效地参与和指导创新与知识产权管理的运行，关注创新与知识产权管理目标的实现，将创新与知识产权管理视为组织的核心业务，为组织创新与知识产权管理工作的持续推进提供稳定的资金保障。

康尼机电设立两级创新体系架构，集团技术中心下设科技管理部、协同创新部、研发中心等，研发中心及协同创新部为公司的创新主要责任部门；科技管理部下设知识产权管理办公室，为知识产权归口负责部门，真正做到了负责知识产权的管理人员懂管理、懂体系和懂创新。在组织构架中没有把知识产权设为一级部门，说明管理无定式，适用就是最好的。

（3）重视企业文化建设。企业文化建设是企业长期发展的基石，它关乎企业的核心价值观、行为准则、工作氛围及员工的归属感和满意度。一个健康、积极的企业文化能够吸引和留住人才，提高团队凝聚力，促进创新，增强企业竞争力。

在管理理论中，创新型企业将"人"定位为公司的关键资源，康尼多年来始终坚持"以人为本"的发展理念，结合"康尼创新与知识产权月"

活动等具体措施，在核心价值观、领导示范、沟通与培训、奖励与认可、沟通与反馈、持续改进、包容与多样性方面均有成功的实践经验。

（四）项目实施给客户带来的价值

ISO 56005 分级评价采用双线分级评价的方式对企业创新与知识产权管理能力进行评价。过程与结果并重，通过管理体系线和专利质量线双重评价，以评促建，推动组织实现创新与知识产权融合管理高质量发展。管理导向评价是对组织创新与知识产权管理组织结构、战略规划、规章制度、文化意识、人员管理等管理要素进行评价。在原有管理体系提升服务的基础上，以质量为导向，对知识产权创造质量、保护质量、维护质量、运用质量进行评价。具体实施时，通过引入专利质量线，包括专利技术自由实施报告（FTO）、专利无效检索等技术指导，短期内显著提高客户的专利申请质量和授权率，以此数据证明专利保护能力的提升，让客户真切感知评价机构提供的专业服务价值，并帮助客户更好地实现创新价值。

2023 年，借助 ISO 56005 创新与知识产权分级评价的机会，CQM 方圆协助康尼机电在原有的多元化融合型研发管理体系的基础上，将专利导航、风险和机会识别、专利挖掘布局等知识产权工作嵌入创新核心过程的创意识别、立项、方案设计、产业化等关键环节，根据研发项目及产品的不同研发核心需求，建立研发人员深度参与的专利分析评议机制，明确各环节需要开展工作及相关人员在知识产权方面的工作职责，制定相应的奖惩制度，将知识产权工作作为研发项目阶段性考核和符合性审查的重要项目。真正做到基于《创新管理—知识产权管理指南（ISO 56005）》，以知识产权全生命周期管理对应创新全生命周期管理，进行知识产权和创新全过程管理的有机融合，实现"管理标准化、标准制度化、制度流程化、流程表单化"，以全面提升创新和知识产权管理能力，如图 5-24 所示。

```
① 创意提报          ② 研发立项
   专利导航分析        专利导航分析
                     风险评估           ③ 方案设计
                                          专利导航分析
                                          风险评估
                                          专利挖掘布局
   技术设计 ④
   专利导航分析
   风险评估           ⑤ 试验验证
   专利挖掘布局          风险评估
```

图 5-24　研发知识产权管理与创新管理深度融合

（五）客户反馈评价

2023 年 11 月，由中知（北京）认证有限公司发起，CQM 方圆、中国质量认证中心等共 32 家机构组成的知识产权认证高质量发展共同体成立。CQM 方圆入选工作委员会，并当选副主任单位，标志着 CQM 方圆品牌在知识产权领域的影响力与日俱增。

康尼机电在选择 ISO 56005 分级评价前已建立了相对完善的知识产权管理体系和创新管理体系，但仍存在五大创新过程与知识产权切合程度不高的问题。例如，在预评价过程中发现，在研发项目制度中未设置"开发方案""部署方案"的知识产权管理工作的流程节点，未能成文明确五大过程的输入、输出内容，项目负责人无法针对创新活动通盘考虑全过程的知识产权工作。ISO 56005 分级评价"以评促建"的方法，预评价组通过对标分析，运用 ISO 56005 标准，很好地帮助企业解决了这个问题，优化了企业在创新过程中对知识产权管理的管控要求，将创新与知识产权工作密切融合。

创新管理师培养模式也加强了知识产权专员以外人员对创新知识产权管控的理解。康尼机电鼓励研发人员参与创新管理师培训及考试，最终在企业内部产生了 8 位创新管理师，壮大了企业的人才梯队，为高质量创新成果的持续产出提供了人才保障。

2024 年 3 月，康尼机电顺利通过 ISO 56005 的创新与知识产权管理能力分级评价，荣获江苏省第一张 3 级能力证书。该成果通过"南京发布"等官方媒体展开宣传，阅读量超过 10 万，客户感知进一步提升。

案例五：从喜茶门店二方审核，深入践行"六化三步"

（一）客户简介

2012 年，喜茶（深圳）企业管理有限责任公司（以下简称喜茶）诞生于一个名叫江边里的小巷。从这家只有 20 平方米的小店开始，喜茶一直坚持使用真牛乳、真水果、真原茶、真蔗糖，带给大家具有真品质的好茶，开创了大家所熟悉的"新茶饮时代"。喜茶门店主要经营茗奶茶、果茶、牛乳茶等各类茶饮料，目前在全国大约有 4000 家门店。

作为新时代的茶饮品牌，喜茶将"以茶的年轻化为起点，为世界创造能激励大众的产品与品牌"作为自己的使命与愿景，致力于在中国传统茶饮的基础上，以年轻化的方式不断创新茶饮产品和品牌，在满足消费者需求、推动产业发展的同时，弘扬中国文化，为坚定文化自信贡献力量。

背负着这样的使命与愿景，喜茶将打造中国新茶饮品牌标杆作为抓手，积极推进品牌高质量发展。在创立初期，喜茶在行业普遍使用茶粉和奶精等原材料制作茶品时，率先使用新鲜的原叶茶、牛奶和芝士，研发推出芝士茶，一举开辟新茶饮赛道。

（二）客户需求

受喜茶的委托，CQM 方圆策划实施喜茶门店二方审核和食品安全技术服务，通过对喜茶全国门店，包括直营店和事业合伙店进行督导检查，发现其存在的食品安全问题，有效地预防控制食品安全风险。对其检查的关注点和审核需求，主要涵盖食品安全文件管理、员工健康和个人卫生、认可的货物来源、防止交叉污染、清洁与卫生、产品流程和效期管理、设备设施维护、化学品、虫害控制、管道及水系统维护 10 个方面。通过对喜茶门店实施督导检查，CQM 方圆发现门店在日常运营过程中需要进一步加强食品安全管理，并提出有针对性的后续改善建议，帮助喜茶持续改进，为喜茶品牌赋能。

(三) CQM 方圆一体化实施方案

1. 方案设计

针对喜茶食品安全风险的识别与预防控制需求，CQM 方圆以"标准·认证 +"理论为指导，系统融合"六化三步"模式，针对供应商存在的问题，进行一体化方案设计，探索喜茶食品安全控制的系统路径。

首先，通过调研、走访等方式，为喜茶进行问诊把脉，模块化检查喜茶食品安全情况，深入了解喜茶当前面临的关键问题和需求，如图 5-25 所示。

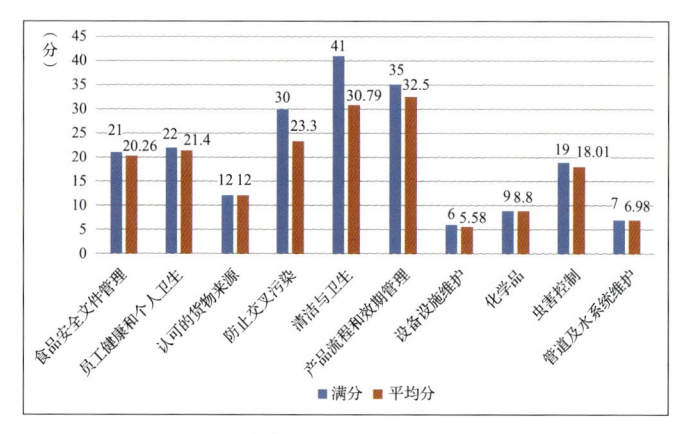

图 5-25 喜茶食品安全各检查模块分数分布

其次，围绕喜茶门店的食品安全典型突出的问题，协同构建新茶饮的门店食品安全管理体系，通过提供专业、高质量、差异化的门店审核技术服务，有效地预防和控制食品安全危害，同时量化门店食安绩效评价，证明其门店审核风险防控能力。协同构建门店食品安全管理体系，从政策监管合规性、茶饮原辅料、食安和质量风险、门店员工食品安全意识、食品安全文化建设等方面，借助 CQM 方圆技术保障能力，给予喜茶门店食品安全运营管理强有力的支持，增强产品品牌价值体现。

最后，运用数字化和信息化手段，引领喜茶打造和完善信息化的门店督检系统。如采用线上巡店助手，通过图文并茂相结合的形式，构建更为智能化的检查过程，包括数据统计、门店画像、案例分析等。另外，为保持喜茶门店审核的统一性，规划了包括审核线路设计、设备设施检查流程、巡店线上系统管理、督检审核条款案例解析等，用数字化方式统一了审核尺度。

2. 具体措施

打造中国版的新茶饮门店运营管理体系。基于当前的"麦肯星"门店食品安全管理标准体系，协同喜茶构建更为符合喜茶当前需要的门店运营管理标准。按照喜茶的要求，对门店实施督导检查，运用 SPC 统计方法，提供门店食品安全管理技术支持。在此过程中，实施了 CQM 方圆协助改进的食品安全标准（《督检门店食品安全线上检查表》），确保门店操作符合规范，并对门店督检采用评分制，量化检查过程，及时发现食品安全管理问题并采取预防措施，确保食品质量和安全。

借助 CQM 方圆的影响力，帮助其寻求上下游的机会点，引导其产业化发展。以实现产业化集群为目标导向，运用"品牌＋爆品"的形式，增加产品的附加值。同时，规范了喜茶门店的产业化管理，通过系统性地检查和评估门店的食品安全风险，包括员工健康、货物来源、设备维护等，促进了门店运营的标准化和效率化，提升了整体产业竞争力，推进了其深度产业化的进程。

在品牌塑造上，CQM 方圆帮助喜茶从品牌设计、文化搭建、专业智能设备设计、供应链管理、食品安全文化建设、营养价值引导等方面发力，加强了喜茶品牌文化的内涵建设，构建了符合喜茶特点的食品安全文化，增强了消费者对喜茶品牌的信任和忠诚度，有效提升了喜茶的品牌形象和市场竞争力。

帮助喜茶进行数字化巡店系统的普及。CQM 方圆采用信息化的门店督检系统，利用线上巡店助手进行智能化检查，通过数据统计和门店画像分析，提高了作业效率和准确性，实现了食品安全管理的数字化和智能化；并通过促进门店大数据及 AI 协同的运用，提升门店数字化管理能力，多方面突破传统认证审核的局限性，包括效率、数据集成处理短板，提升喜茶整体的数字化管理水平。

CQM 方圆推动喜茶绿色化发展，通过喜茶门店二方审核，确保喜茶门店在清洁卫生、能源使用和废弃物处理等方面符合绿色标准与绿色化发展要求，充分展示喜茶对环境保护的承诺和责任，推动喜茶的绿色化和可持续发展。

（四）项目实施给客户带来的价值

CQM 方圆应用国际先进的质量食品安全管理标准和方法，通过实施门店督检和品质帮扶服务，加强了门店运营食品安全风险预防和促进了管理提升。运用 HACCP（食品安全保证体系）等先进的管理体系方法，树立系统性思维，有效进行了风险的识别和预防，营造了良好的食品安全文化氛围。此外，通过关联供应链上下游渠道，促进了喜茶降本增效，如通过推荐特色、名优的农副产品或预包装食品等减少喜茶甄选原料供应商的成本；通过 CQM 方圆的品牌信任，增加其食安保障能力；构建新茶饮的门店运营管理标准，引导行业高效化发展。

（五）客户反馈评价

CQM 方圆通过优质的项目管理、高效的检查员培训，展示了专业的食品安全技术保障能力，特别是通过引导管理体系运用，结合门店日常食品安全运营管理需要，从管理上解决日常门店巡检产生的问题，为下一步的门店食安风险等级分类提供了依据，有效地规避了门店运营管理中存在的食品安全问题，赢得了喜茶各门店的一致好评。

案例六：习酒供应商质量管理及供货能力提升

（一）客户简介

贵州习酒股份有限公司，其前身为明代万历年间殷姓白酒作坊，1952 年通过收购组建为国营企业，1998 年加入茅台集团，在茅台集团的支持和帮助下发展壮大，2022 年由贵州茅台酒厂（集团）习酒有限责任公司整体变更设立贵州习酒股份有限公司（以下简称习酒公司）。

习酒公司始终秉承中国传统白酒技艺精华，坚守纯粮固态发酵工艺，以诚取信、以质取胜、锐意创新、追求卓越，致力于做精产品、做优质量、做好服务。习酒公司具有 7 万余吨的优质基酒年生产能力、6 万余吨年包装能力及 35 万余吨的基酒贮存能力。主要产品有君品系列、窖藏系列、金钻系列等，主导品牌习酒先后被评为省优、部优、国优，荣获"国家质量奖"，被认定为"国家地理标志保护产品"等。

习酒公司拥有中国酒业科技领军人才、中国白酒工艺大师、中国白酒首席品酒师、贵州酿酒大师、国家级评酒委员、贵州省评酒委员、正高级工程师、高级工程师 100 余人，各类专业技术技能人才 2000 余人。

（二）客户需求

习酒公司秉承高质量发展理念，已成长为全国知名酒业品牌。伴随着习酒公司包装材料采购数量越来越大、种类越来越多，与习酒公司合作的包材供应商、酒瓶供应商、瓶盖供应商也越来越多，已达 100 多家。为了做好这些供应商的管理工作，需要进行如下提升。

（1）统一厂商质量标准和检验方法，提高质量管理水平和综合能力。

（2）加强质量管控体系建设，持续加强供应商第二方审核，严格前端、后端管理，健全供应商、合作商评价体系，进一步优化供应链管理平台。

（三）CQM 方圆一体化实施方案

1. 方案设计

针对习酒统一厂商质量标准和检验方法及加强质量管控体系建设的相关需求，基于"标准·认证+"理论，融合"六化三步"模式，进行一体化方案设计，依据相关法律、法规标准和先进管理体系标准开展供应商质量审核，协助供应商识别质量问题，提高质量水平，推动习酒管理能力提升。

2024 年 4 月 22 日至 26 日，CQM 方圆受贵州习酒委托，对 6 家酒瓶供应商开展了 2024 年度第一期第二方质量审核，审核组由 CQM 方圆专家,以及习酒质量部、物资供应部、战略和企业管理部、包装车间相关人员组成。

审核组依据食品包材行业相关法律、法规标准和先进管理体系标准,设计了专业审核表,审核内容包括产品安全和质量管理体系、原料采购和验收、场所和设施、设备和维护、清洁和卫生管理、人员管理、生产过程控制、产品放行和检测、储存和运输管理九个审核项目。

审核流程分为四个部分,分别为首次会议、生产现场审核、资料审核和末次会议。本期审核的 6 家酒瓶供应商共发现了 151 个问题项,通过生产现场和资料审核,审核组帮助供应商查找了在食品安全和质量管理等方面存在的问题和不足,在末次会议上针对问题和不足,提出了整改要求和建议,并在各供应商的审核报告中针对各项问题提供了详细的书面整改建议,为供应商整改提供了参考。

2. 具体措施

(1)审核整体情况。依据《习酒公司供方评价准则》,对供应商审核结果做以下分级:优秀(分数 ≥ 90 分)、符合(75 ≤ 分数 < 90 分)、整改(60 ≤ 分数 < 75 分)、不符合(分数 < 60 分),如表 5-3 所示。

表 5-3 供应商审核得分和评级

供应商名称	得分 / 分	评级
贵州中科玻璃有限责任公司(简称中科)	91.5	优秀
习水同顺玻璃制品有限公司(简称同顺)	84.4	符合
遵义市锦兴玻璃制品有限公司(简称锦兴)	82.1	符合
贵州省隆贵玻璃有限责任公司(简称隆贵)	80.4	符合
贵州赤铖玻璃有限公司(简称赤铖)	76.4	符合
贵州省习水部政玻璃有限责任公司(简称部政)	72.2	整改
平均分	**81.2**	/

(2)问题项分析。本期审核一共发现了 151 个问题项,9 大审核项目一共有 74 个审核条款,其中一个过敏原管理条款不适用,实际一共为 73

个条款。经统计发现这些问题项集中在 44 个条款中，审核条款出现问题项的比例条形图如图 5-26 所示。

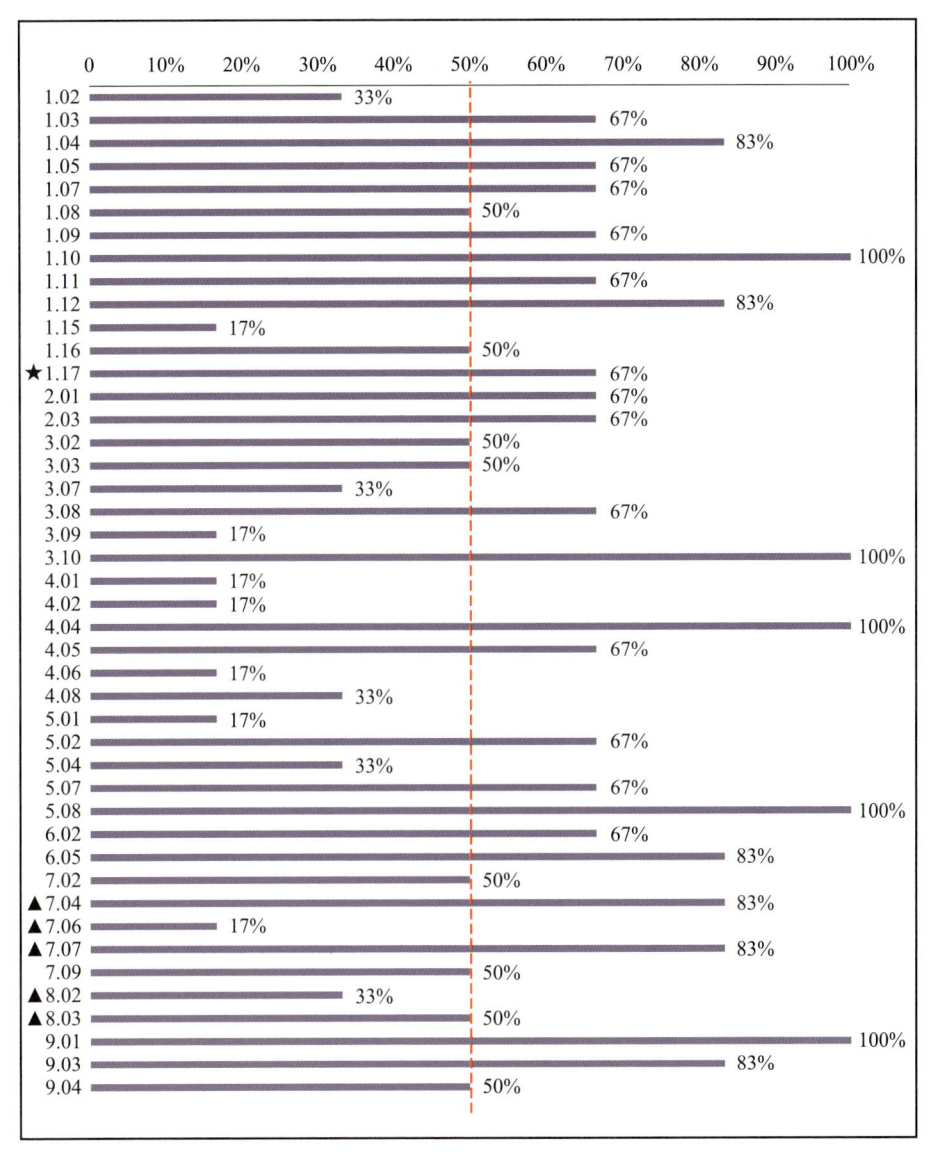

图 5-26 审核条款出现问题项的比例条形图

统计结果显示，本期供应商审核中 KO（Key Outputs，关键项）条款和重点条款均未判定为不符合。发现问题的 KO 条款和重点条款均判定为基本符合，也就是本期审核的供应商在资质合法合规、重大违法违规、掺杂掺假、生产过程控制和产品放行等方面未出现系统性、严重性的问题项。其中，以条款1.17和7.06为例，KO条款★1.17出现问题项的比重为67%，主要问题是未建立原料欺诈预防的控制程序；重点条款▲7.06出现问题项的比重为17%，主要问题是生产过程投料记录不完善，无玻璃碴、澄清剂投入使用记录。

如图5-26所示，将比重超过50%的问题项作为供应商的共性问题，也就是说，这些问题在本期审核的一半以上的供应商中都存在，为习酒公司管控供应商指明方向和提供参考，建议习酒公司关注供应商这些共性问题，并督促企业整改。表5-4为这些共性问题和对应的整改建议（部分）。其中"发生比重"栏是指出现问题的供应商比重，"供应商"栏是指存在问题的供应商。

表5-4 共性问题和整改建议（部分）

条款号	发生比重/%	供应商	主要问题	整改建议
1.04	83	中科锦兴隆贵赤铖部政	供应商制订的体系文件部分内容与企业实际情况不匹配。收集的法律法规标准等外来文件不全面或未及时更新	①按照体系标准要求并结合企业实际情况编制体系文件，有变更时，按照变更的管理要求和文件控制的要求及时对体系文件进行修订，确保体系文件和企业实际情况相符合；②加强对外来文件的管理，收集和存档企业及产品相关的法规、标准和其他技术文件，定期对这些文件的更新情况进行评估
1.05	67	锦兴隆贵赤铖部政	缺少部分辅料的规格书和标准	制定所有原材料（包括原料、成分、添加剂、包装材料等）和成品的产品规格书，这些规格书要符合相关标准、安全、法规和客户的要求

（3）审核结果分析。图5-27为各审核项目符合度雷达图，符合度从低到高的维度依次是储存和运输管理（60%）、产品安全和质量管理体系（76%）、原料采购和验收（78%）、清洁和卫生管理（79%）、设备和维护

（82%）、生产过程控制（84%）、场所和设施（86%）、人员管理（89%）、产品放行和检测（90%），9个维度符合度的平均值为80.5%。

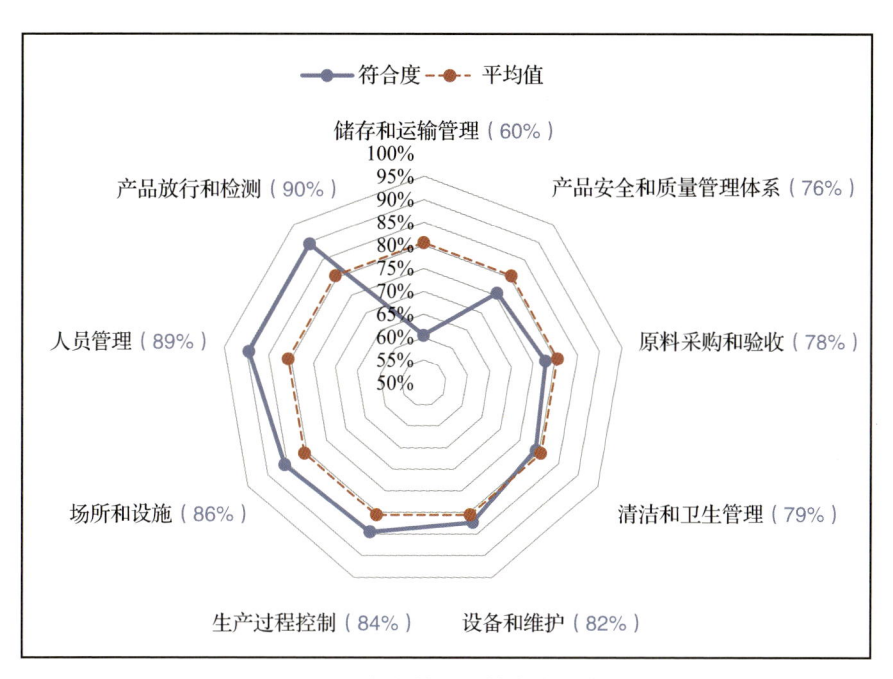

图 5-27　各审核项目符合度雷达图

场所和设施、人员管理、产品放行和检测3个维度符合度排名前三，符合度均在85%以上，说明供应商在这3个维度表现较好。储存和运输管理符合度最低，符合度仅为60%，原辅料和产品储存及运输管理非常关键，直接影响到产品安全和质量，该维度主要问题是在储存区卫生条件差；未规范储存物料和产品；在辅料库内正常库位发现过期物料；物料储存环境温湿度无监控；产品转运过程中防护不足，受到雨水污染等。对于审核过程中的一些问题，审核组在现场与供应商进行及时沟通和交流。

（四）项目实施给客户带来的价值

本项目的实施进一步加强了与供应商、合作商的沟通和交流，提升了包装材料质量，提高了供方供货质量保障能力，有助于维护良好的合作关系，不断增强习酒公司综合竞争实力，提升企业卓越绩效，促进习酒公司持续良性发展。审核组还挖掘和总结了供应商在食品安全和质量管理方面的亮点，方便习酒公司将这些亮点在供应商管理中进行复制和推广。

（五）客户反馈评价

CQM方圆在综合解决方案、产品认证、体系认证、标准培训等方面拥有显著优势，与习酒公司一直保持着良好的合作关系，是习酒公司的长期战略合作伙伴。CQM方圆在本项目初期的研发和项目具体内容的制定中均提出了建设性的建议并被习酒公司采纳，尤其在供应商质量管理提升方面给予习酒公司很多指导，持续提升了习酒公司的质量管理水平。习酒公司对本项目专家团队的专业性和工作方式充分信任，对专家团队的服务态度和工作效率充分肯定，经过本次项目合作，双方关系更加紧密。

案例七：山西汾杏酒厂"精准施策，靶向治疗，降低产品不合格率"

（一）客户简介

山西杏花村汾杏酒厂股份有限公司（以下简称汾杏酒厂）始建于1978年，注册资本960万元，现有职工210人，占地面积45000平方米，年设计生产能力1500余吨，产品销往全国各地，市场反响较好，是集白酒酿造、成装、销售于一体的企业，地处中国酿酒文化史上最具代表性的酿酒圣地——千年酒都杏花村。这里交通便利、山川秀美、四季分明、气候宜人，最主要的是拥有丰富清洁的地下水资源，保障了汾杏系列产品的高品质和独特风格。汾杏酒厂的酒口感清醇，以色、香、味"三绝"为典型特征，酒液晶莹剔透，绵、爽、净浑然一体。

汾杏酒厂奉行顾客至上、质量第一的宗旨，充分发挥传统历史酿酒优势，经过不懈努力，逐步建立和完善了现代企业制度，并于2012年通过

ISO 9001 质量管理体系认证，坚持把汾杏酒厂建设成为质量一流、服务一流的新型现代化企业。

（二）客户需求

山西汾杏酒厂在生产白酒的过程中，主要面临的问题是灯检工序合格率较低，严重影响了生产效率。灯检是白酒生产过程中的关键控制点，企业在灯检时经常出现玻璃瓶内有黑色颗粒或其他杂质的情况。发生这种现象时，每次均判定为瓶子未清洗干净，未进行过深层次的原因分析，也无相应的整改措施，导致灯检不合格率一直居高不下，因此需要采取一些措施提升灯检合格率。

（三）CQM 方圆一体化实施方案

1. 方案设计

CQM 方圆充分研读、分析客户需求，按照"标准·认证＋"理论和"六化三步"模式，通过现场调研、问题诊断，针对企业灯检不合格率偏高的情况，从源头控制、质量管理过程控制等方面制定管理标准，以标准助推质量发展，以标准规范过程操作，以全链条标准化模式加强对白酒产品整个生命周期的监督管理，结合企业实际情况，制定行动路线和具有针对性的解决方案，不断提升企业产品质量，促进企业高质量发展。

2. 具体措施

（1）制定供方评价标准，加大供方管理力度。企业采购的玻璃瓶没有防尘盖，也没有塑料包装，容易导致尘土或其他杂质物掉入瓶中。这也说明企业对玻璃瓶供方的管控意识不强。通过与企业沟通，建立供应商评价管理制度和等级划分标准，加强对供应商的监督管理，同时要求玻璃瓶供方增加防尘盖、塑料包装或其他保证玻璃瓶卫生的措施，如图 5-28 所示。采购验收时搜集包材的出厂检验报告，每年索要一次包材的第三方检验报告。供应商评价管理制度如表 5-5 所示，供应商等级划分标准如表 5-6 所示。

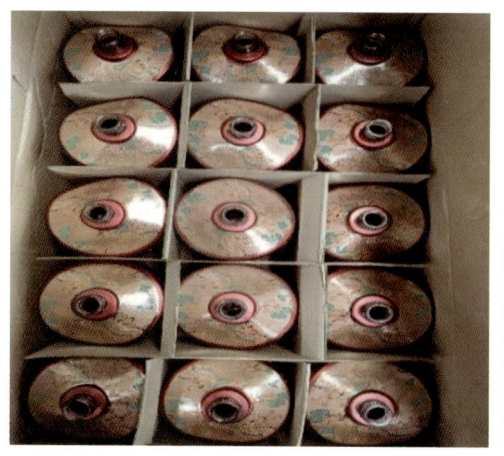

图 5-28　供应商玻璃瓶整改前后防护状况对比

表 5-5　供应商评价管理制度

考核项目	权重 /%	评分标准
包材质量	80	合格率 = 合格批数 / 总交货批数，合格率越高，得分越高
服务质量	10	配合度、信用度等，服务越好，得分越高
交付情况	5	正常日期交货批数在总交货批数中的占比，占比越高，得分越高
价格水平	5	根据市场同类产品的价格进行评价

表 5-6　供应商等级划分标准

供应商等级	分数标准	相应措施
A	85～100 分	作为优先选择的采购供货商，可加大采购量
B	70～84 分	合格供应商可继续采购
C	60～69 分	对一般供应商应加大检查力度或减量采购
D	59 分及以下	对不合格供应商停止采购

（2）制定良好的卫生规范标准，加强库房卫生管控。企业存放玻璃瓶的库房卫生较差，库房墙皮脱落及堆放非生产用物料，岗位人员的质量管控意识薄弱，不注重库房卫生的清洁管理。CQM 方圆通过与企业沟通，引导其按照《食品安全国家标准食品生产通用卫生规范》（GB 14881—2013）

规定要求，并结合企业实际情况，制定库房卫生管理制度，清理库房内非生产物料，对库房墙面、地面、屋顶、角落进行清理，将库房内的物品分类、分区域放置，同时对库房管理人员进行质量和食品安全管理培训，增强了人员责任意识，使库房卫生得到了显著改善，如图 5-29 所示。

图 5-29　库房整改前后卫生状况对比

（3）制定生产监管标准，加强生产过程中的自检、互检和巡检。帮助岗位人员提升自身责任意识，使之严格履行岗位自检职责，并敦促岗位人员要互相检验，降低不合格发生的概率。带班人员和质量员要加强生产过程的巡检力度，发现潜在的不合格风险并及时纠正。此外，下道工序要检验上道工序，如贴标区人员也要关注灯检工序中未被发现的不合格产品并将其及时筛选出来。通过上述措施强化对白酒生产过程的质量管控，降低不合格率。

（4）制定技术控制标准，新增洗瓶水实际压力监测规定。在白酒生产过程的洗瓶工序中，企业只对洗瓶机内部循环水的压力进行了监测，没有对洗瓶水进行实际压力的监测，瓶子是否清洗干净没有准确的判定。CQM 方圆通过和企业沟通安装了压力表，对洗瓶水的实际压力进行监测，通过多次试验验证，确定最佳的冲洗压力参数为 0.4～0.45Mpa，并要求岗位员工在生产过程中每 1 小时记录一次压力数值，确保压力在规定的范围内，保证瓶子能被冲洗干净，降低不合格率。

（四）项目实施给客户带来的价值

通过项目服务方案的制定和实施，以标准为指引，解决了一直困扰企业发展的问题，实现了供应商的分级管理，玻璃瓶包材的质量得到提升，灯检工序产品不合格率大幅下降，达到了客户的预期目标。

（五）客户反馈评价

CQM 方圆制定的服务方案十分契合企业实际，解决了企业在质量发展中存在的"痛点""难点"问题，达到了精准施策，靶向治疗的效果。针对酒瓶灯检工序不合格率较高的问题，通过现场调研、诊断找出了问题的关键，然后从供方管理、库房卫生、过程管控、工艺参数四个方面制定了改进措施，取得了明显效果，产品不合格率显著下降，得到了企业领导层的高度认可和评价。

案例八：南京诚成食品 FSSC 认证与食品安全供应链管理提升

（一）客户简介

南京诚成食品有限公司（以下简称诚成食品）创立于 2002 年，2022 年公司拓宽市场，转型为一家专注健康、营养和生物科学的公司，主营发酵剂乳酸菌种及各类固体饮料。公司占地面积约 1000 平方米，目前公司在职人员 10 人，技术人员 1 人。公司于 2023 年 9 月取得了食品安全体系认证（FSSC 22000）证书。

（二）客户需求

通过与企业管理层及质量人员沟通，目前诚成食品面临以下需求。

（1）成品包装不能完全满足运输与储存要求，出现破包现象，引起了客户的投诉。

（2）食品安全管理体系亟待完善，市场知名度有待进一步提高。

（三）CQM方圆一体化实施方案

1. 方案设计

基于诚成食品的产品管理水平提升的需求，以"标准·认证+"理论为指导，系统融合"六化三步"模式，针对其在企业经营和产品管理等方面存在的问题，进行一体化方案设计，探索诚成食品产品管理提升的新路径。

首先，通过调研、走访等方式，为诚成食品进行问诊把脉，深入了解诚成食品当前面临的关键问题和需求。其次，围绕成品包装破包率较高及产品生产过程中的质量和安全控制等问题，导入先进的食品质量安全标准，并通过食品质量安全认证，确保食品生产及成品包装过程的标准化和规范化，为整体产品质量的管理和提升提供了系统性保障。最后，为了实现诚成食品的品牌化发展，协助其建立包括微信公众号在内的多媒体矩阵，并引导其定期更新公司动态。协助其参加行业展会，提高企业知名度，从而提升诚成食品的品牌影响力和价值，实现企业的高质量发展。

2. 具体措施

基于现场调研和专业问诊，获取了关于诚成食品安全管理过程中的一些问题及需求。针对其成品破包率高的现象，成立了QC攻关小组，运用"因素分析法"识别影响包装封口效果的主要原因，鱼骨图——成品破包原因分析如图5-30所示。

通过提升操作技能、建立维保计划、调整工艺参数、加强包材性能验收和完善监督检查机制，实现了过程控制的精细化管理。在此过程中，邀请设备厂家工程师对包装操作人员进行技能培训，提高了操作人员对设备的熟悉度和维护能力。同时，通过制订年度维保计划，明确责任人、

"标准·认证+"理论与实践

监督人及保修内容等,确保了设备性能的稳定性和可靠性。结合设备及包材厂家的建议,对设备进行工艺参数调整和验证,并进行检验规程修订,增加相关项目的测试验收指标,以增加包材验收的性能等。这一系列的具体措施,实现了整体的产品过程控制和优化,提升了食品安全管理水平。

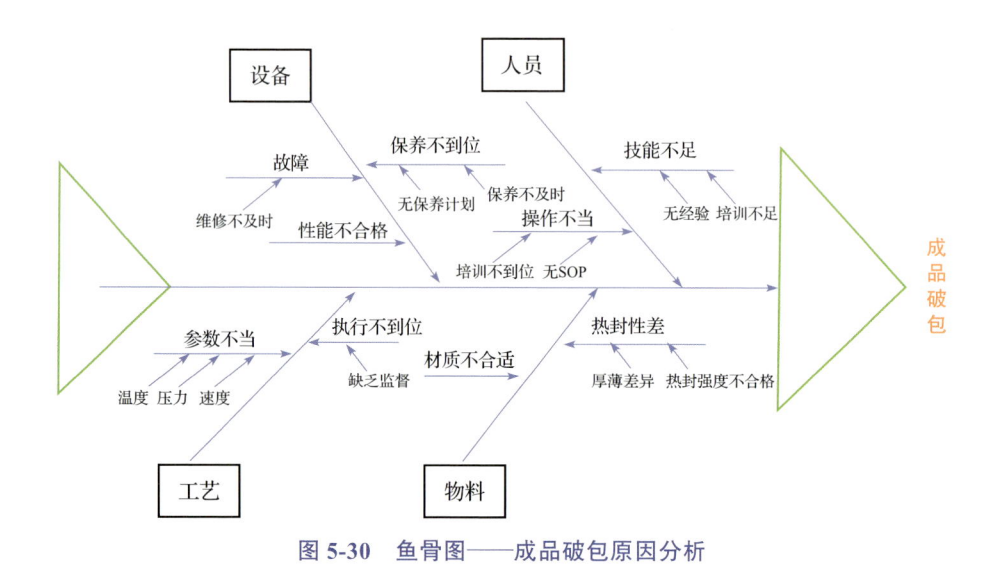

图 5-30　鱼骨图——成品破包原因分析

在食品安全管理水平提升的基础上,帮助诚成食品依据 FSSC 22000 等国际食品安全管理标准,制定了一套完善的食品安全管理体系;并基于《食品安全管理手册》和相关的标准文件,经过先进标准认证,确保了生产流程的标准化和规范化,为产品质量提供了系统性保障。

通过进一步加强全员质量意识和安全意识的培训,帮助诚成食品树立了以质量为核心的企业文化。这不仅提升了员工对质量重要性的认识,也促进了质量管理的全员参与,打造质量文化的品牌 IP。同时,协助诚成食品开通公众号、参加行业展会(见图 5-31),加强了市场推广和品牌建设,提高了公司的市场知名度和客户认可度,进一步促进诚成食品的品牌化发展。

第五章 "标准·认证＋"实践案例

图 5-31　公众号及参展照片

（四）项目实施给客户带来的价值

通过 CQM 方圆提供的一体化解决方案，诚成食品在食品安全管理方面取得了显著进步。通过这些一体化措施，不仅成功地帮助诚成食品达成了成品破包率的既定目标，而且整体产品质量得到了显著提升。客户整体投诉率大幅下降，同时也显示出诚成食品对客户需求的快速响应和有效解决质量问题的能力。

CQM 方圆帮助诚成食品顺利通过了 FSSC 22000 认证。这一国际认证的获得，标志着诚成食品安全管理体系的规范化和标准化，增强了市场和消费者对诚成食品产品质量和安全性的信心。此外，公司通过开通微信

151

公众号和参与行业展会等线上、线下宣传活动，积极推广品牌和产品，有效提升了公司的市场知名度。

（五）客户反馈评价

CQM 方圆针对食品行业破包率较高这一问题进行重点分析改进，以点带面、举一反三，通过加强过程管控，灵活运用食品安全管理体系的思路和方法，完善各项管理制度和控制措施。通过识别、分析食品安全危害，有效降低了食品安全风险、提升了产品质量，赢得了服务企业员工的一致好评。

三、社会责任及合规

案例：国网江苏省电力有限公司泰兴市供电分公司社会责任管理体系认证审核

（一）客户简介

国网江苏省电力有限公司泰兴市供电分公司成立于 1991 年 11 月 18 日，经营范围主要包括电力供应管理、电力物资的销售，以及与电力工业有关的设计、试验、修造、工程施工（不含承装、承修、承试）、技术咨询等，是《社会责任管理体系　要求及使用指南》（GB/T 39604-2020）的制定参与者。

（二）客户需求

《社会责任管理体系　要求及使用指南》是由国家市场监督管理总局、国家标准化管理委员会于 2020 年 12 月正式发布实施的中国首个社会责任管理国家标准，也是基于国际标准化组织（ISO）通用管理体系标准制定的社会责任管理体系标准，旨在推动中国企业全面、系统、有效地管理其决策和活动，为企业建立、运行社会责任管理体系和评价社会责任绩效提供权威范本和实践指南。国网江苏省电力有限公司泰兴市供电分公司主动响应国家标准，深化全面社会责任管理，开展建设社会责任管理体系的先锋探索，在《社会责任管理体系　要求及使用指南》发布后，泰兴公司启动贯标及认证工作。

（三）CQM 方圆一体化实施方案

1. 方案设计

2021 年 11 月，CQM 方圆基于"标准·认证＋"理论以客户为中心、以质量为生命、以信誉为基石的原则，组建项目组，梳理客户需求，制定认证方案，量身定制贯标、辅导、审核整体策划方案，为客户提供专业、高效、公正的认证服务。

2. 具体措施

首先，项目组对国网江苏省电力有限公司泰兴市供电分公司进行全面的资料审查，包括查看组织的营业执照、资质证明、社会责任管理体系文件、社会责任议题清单、社会责任报告等，以了解组织的基本情况和社会责任管理体系运行情况。其次，按照认证标准和程序，组织专业的审核团队前往组织现场进行实地审核。审核团队会采用多种方法和技术，如访谈、观察、查阅文件记录等，对组织的管理体系进行全面、细致的检查和评估，包括对与管理体系相关的各个部门、岗位和流程的审核，对社会责任良好实践案例的审核，同时安排了员工、相关方代表访谈。最后，项目组根据审核结果和认证标准，对组织的管理体系进行综合评价，并提出改进意见和建议。

2021 年 11 月 26 日 CQM 方圆颁发了首张社会责任管理体系认证证书（见图 5-32），推行全面社会责任落地管理，在社会责任绩效等方面给予高度评价。

"标准·认证+"理论与实践

图 5-32　社会责任管理体系认证证书

（四）项目实施给客户带来的价值

国网江苏省电力有限公司泰兴市供电分公司作为国家电网公司首批"社会责任示范基地"，作为 GB/T 39604-2020 标准的制定参与者、示范试点的亲历者、贯标认证的先行者，在履行社会责任的过程中积极应用国家标准。通过贯标认证工作，公司健全了社会责任管理体系，培育了一支内审员队伍，实现了管理体系的动态管理，随着内外部环境的变化及时更新议题识别、法规收集、风险评价。通过有效管控，形成了辅助决策、本质安全、依法治企、管理创新等 36 项成果，为企业环境、市场、质量、经营和财务等带来更好的良性发展机遇。在优化管理、按照标准开展社会责任管理方面，工程招标过程更加规范，实现了招标公开、公平和公正。在坚持绿色发展、率先走出绿色低碳可持续发展的新路径方面，对高耗能用户形成能效方案，制定用户节能减排工作流程；完善接入系统设计审查机制，增加经济性比较，形成工程设计项目环境保护方案。在创造模式、成为负责任能源供应和保障的标杆方面，定期开展各类事故演练，提升应急处置能力，构建高质量网格化运维防控体系，完善管理流程，形成输电设备防外力破坏典型经验。在加强品牌传播、树立负责任能源供应先行者和倡导者的品牌形象方面，培养具备社会责任和可持续发展视野的人才队伍，促进责任文化生根落地，建成科学合理的营商环境评价体系，形成营商环境优化典型经验。

（五）客户反馈评价

国网江苏省电力有限公司泰兴市供电分公司对 CQM 方圆的社会责任管理体系认证审核工作表示肯定，对 CQM 方圆的专业性和严谨性表示高度认可，CQM 方圆在审核过程中展现了深厚的行业知识和丰富的实践经验，对社会责任管理体系的各个方面进行了全面、细致的评估。客户对审核结果表示满意，看到了公司在履行社会责任、实施全面社会责任管理等方面取得的显著成效；同时，也看到了公司在社会责任管理工作中存在的不足和可提升的空间，并愿意接受 CQM 方圆提出的改进建议。此外，公司还对 CQM 方圆的服务态度和专业水平给予了高度评价。在审核过程中 CQM 方圆与公司保持了良好的沟通与合作，为公司提供了有价值的指导和建议，有助于公司进一步提升社会责任管理水平。

第二节　助力产业高质量发展

案例一：九牧集团供应商质量赋能项目

（一）客户简介

九牧集团有限公司（以下简称九牧集团）创立于1990年，总部位于中国福建省泉州市南安市，是一家集科研、生产、销售和服务于一体的全产业链、创新型国际化企业。九牧集团以数智卫浴为核心，在德国、法国、中国等国家设立了16个研发中心和15家高端数智工厂，已建成行业首家零碳5G灯塔工厂，拥有5000多名技术创新人才，累计获得先进专利20000多项，主导制定20多项国际标准和200多项国家标准，获得全球设计大奖200多项。九牧集团是《陶瓷片密封水嘴》国家标准的起草和制定单位，"全国五金制品标准化技术委员会厨卫五金分技术委员会"秘书处单位。九牧集团在全球拥有一万多家高端体验店，30多万个销售网点，2021年销售额达152亿元，同比增长30%，卫浴行业销量中国第一、世界第三。

九牧集团始终坚持"为人居环境文明进步做出卓越贡献"的企业使命，贯彻"以用户体验为中心"的核心价值观和"以贡献者为荣"的企业精神，秉承"以卓越质量持续赢得用户满意，以健康环保打造生态型企业，以员工关怀建设责任型企业"的质量方针，为全球用户创造美好家居生活新体验。九牧集团旗下品牌"JOMOO九牧"荣获"中国名牌""中国驰名商标""中国节水产品认证"等多项国家级荣誉，2023年九牧品牌价值达1368.25亿元，连续13年蝉联行业第一。九牧集团先后入选CCTV《大国品牌》企业和"新华社民族品牌工程"，成为冬奥会主会场鸟巢卫浴独家供应商、中国国家短道速滑队赞助商、北京大兴国际机场卫浴供应商，是行业唯一的"中国质量奖"提名奖获得者。

（二）客户需求

九牧集团在 2021 年年底确立"2025 年营业收入 500 亿元，2030 年营业收入 1000 亿元"的战略目标，年复合增长率为 18%，强大的供应链能力是战略目标实现的基本保障。2021 年九牧集团对供应链能力进行全面盘点，重新对供应商进行 A、B、C、D 等级分类，了解各级供应商管理水平。九牧集团通过梳理盘点发现集团供应商存在以下问题需要改善。

（1）通过供应商等级及能力分析，发现集团多数供应商处于 D 级水平，供应商的产品质量水平相对较低，亟须对供应链进行全面优化，为质量提升赋能。

（2）供应商管理能力已经成为制约集团发展的瓶颈，需要重视供应商管理，确保产品质量的稳定性和可靠性。

为此，九牧集团董事长兼集团首席质量官林孝发指示启动九牧集团供应链质量赋能项目，首期开展百家供应商质量提升战略赋能行动，致力于打造高质量、低成本、合作共赢的供应链质量系统，提升管理能力，实现企业及行业高质量发展。

（三）CQM 方圆一体化实施方案

1. 方案设计

为了满足九牧集团对供应链质量提升的迫切需求，CQM 方圆福建公司运用"标准·认证+"理论和"六化三步"模式，从员工培训、标准化建设等方面入手，提升九牧集团供应链整体竞争力。

首先，通过资料收集、走访调研等形式，初步了解九牧集团各大供应商管理水平及产品的整体质量状况，深入了解供应商的问题所在。其次，调研结束后，CQM 方圆福建公司召开总结会议，结合调研结果与供应商管理层沟通赋能实施方案。最后，对供应商实施质量能力等级评价体系，并据此将供应商划分为不同的质量能力等级并进行管理，以确保供应链的高标准与高质量。

同时，九牧集团将供应商的培训与赋能作为提升整体竞争力的重要一环，致力于通过系统化的培训和指导，全面提高产品质量，进一步巩固并加强九牧集团的品牌知名度，从而有效提升整个产业链的韧性。九牧集团供应链质量赋能项目正式启动仪式如图 5-33 所示。

图 5-33　九牧集团供应链质量赋能项目正式启动仪式

2. 具体措施

CQM 方圆福建公司会同九牧集团借鉴汽车行业通用汽车供应商质量管理体系（BIQS）、卓越绩效管理模式、其他先进质量管理理念及最佳实践，结合质量检验、质量控制、质量预防、质量经营四大阶段构建标准化的九牧供应商质量卓越运营系统，即 SJPS 大质量体系（见图 5-34），对供应商进行培训及赋能指导，帮助供应商建立科学的质量管理体系，做好人员的"传—帮—带"工作，全面提升供应商产品质量及管理水平。同时，对供应商进行质量能力等级评价，并根据评价结果实施动态分级管理，旨在通过供应商对 SJPS 的全面学习及导入，提升九牧集团整体竞争力。

```
A  卓越           ■ 质量经营
                   自主保证/分层审核/TPM管理/顾客与市场
                   验证岗位/JCPA评价/过程有效/技术资源
B  优秀合作伙伴    ■ 质量预防
                   变更管理/5S及异物管理/历史问题规避
                   放错验证/FMEA评估/测量分析与改进
C  合格合作伙伴    ■ 质量控制
                   快速响应/问题升级与解决/分供方管理
D  一般合作伙伴    ■ 质量检验
                   标准化作业/标准化培训/不合格品控制
```

图 5-34　基于 JSQS（九牧供应链质量管理体系）升维 SJPS 大质量体系

CQM 方圆福建公司项目组有针对性地设计出多门培训课件，对各层级员工开展形式多样的培训，提升企业管理人员的质量意识及能力。通过标准化项目加强多能工训练，员工一专多能，以满足多品种小批量的多样化个性化订单需求，进一步推动了企业品牌化的建设。

CQM 方圆福建公司项目组根据质量赋能具体任务的差异，组建了三个"专项工作小组"（见图 5-35），通过"项目带动、责任到人、多方助力、学做结合"的辅导方式帮助九牧集团供应商提升质量管理理论水平及解决实际质量问题的能力。整合集团内部和外部资源，通过多方合作和互助，为九牧集团及其供应商的长期稳定发展奠定了坚实的基础，也带动了整个产业链的质量提升，推动了产业链的健康发展。

5S工作小组
（主责部门：管理部）
（负责模块：5S及异物管理）

标准化工作小组
（主责部门：技术部）
（负责模块：标准化操作及培训）

质量改进小组
（主责部门：品质部）
（负责模块：不合格品/快速响应/问题解决与升级/分供方管理）

图 5-35　CQM 方圆福建公司项目组组建的三个"专项工作小组"

（四）项目实施给客户带来的价值

通过实施标准化项目，让九牧集团及其众多供应商获益匪浅，更是成功诠释了"标准·认证+"理论和"六化三步"模式在实践中的良好运用，为客户带来良好的经济效益和社会效益。

对各层级员工开展形式多样的培训，提升企业管理人员的质量意识及能力，使员工一专多能。供应商建立起科学的质量管理体系，产品质量及管理水平得到全面提升。企业充分感受到科学管理的重要性，以及科学管理带来的实实在在的收益，企业各级管理人员做好质量工作的信心持续增强，保障公司蓬勃发展。

CQM方圆福建公司项目组在项目实施过程中帮助九牧集团供应商制定了文件标准化及制度建设方面的各类文件、培训资料若干。同时积极推广实践案例，进而带动整个供应链体系的共同进步与升级，彰显了九牧集团在推动行业标准化进程中的积极作用与深远影响。

自赋能项目实施以来，来料合格率有所提升，全年预计节约成本显著。同时，存货周转率得到改善，促使公司库存占用资金大幅降低，从而有效提高了资金使用效率。

（五）客户反馈评价

在九牧集团众多供应商中，CQM方圆所指导的项目以其卓越的质量和高效的执行力脱颖而出，一次性通过验收，并成功入选九牧集团供应商质量赋能优秀案例。这一荣誉不仅是对CQM方圆团队辛勤付出的肯定，更是对九牧集团严格把控供应商质量、追求卓越品质的高度认可。作为行业内的佼佼者，九牧集团一直致力于与供应商共同成长，实现质量赋能的共赢局面。CQM方圆所指导的项目凭借其出色的质量管理能力和实施效果，使九牧集团多次受邀在供应链质量赋能大会上作经验分享。

福建省市场监督管理局和国家市场监督管理总局质量发展局的领导对"九牧集团供应商质量赋能项目"的成功经验给予了高度评价。该项目不仅提升了九牧集团自身的产品质量和竞争力，也为福建省乃至全国范围内的企业树立了质量管理的典范，并将这一成功经验进一步推广应用到其他行业，以促进整个产业链的质量提升和协同发展。

随着"九牧集团供应商质量赋能项目"的成功经验在更多行业的推广和应用，相信更多企业都将从中受益，共同推动中国制造业的高质量发展。

案例二："鄂东药谷"生物医药产业质量提升项目

（一）客户简介

为贯彻落实湖北省委、省政府关于服务"51020"产业集群发展的战略部署，黄石市市场监督管理局按照"一县一品、一业一品"的总体要求，推动各县、市、区围绕支柱产业重点领域开展提升行动。富池医药化工产业园位于湖北省黄石市阳新县富池镇，是湖北省发展改革委批准的全省51家化工园区之一，是湖北省重点成长型生物医药产业集群，核心企业包括远大医药（中国）有限公司旗下的6家生物医药企业，2022年实现工业总产值19亿元，税收9000多万元。园区规划至2035年，实现打造产值百亿元的"鄂东药谷"目标。

（二）客户需求

为帮助企业解决质量意识不强、公共品牌不彰、标准创新不足、原材料检验不规范等发展瓶颈问题，提高质量管理水平和产品质量，稳定市场占有率，将富池医药化工产业园纳入省级质量管理体系认证提升示范项目，开展质量提升行动，提供质量基础设施"一站式"服务。具体需求如下。

（1）对以富池医药化工产业园区产业为主的产业链进行调研，为产业链企业把脉问诊。

（2）围绕富池医药化工产业园区产业链上的重点中小微企业进行质量帮扶，解决企业质量共性问题及个性问题。

（3）有针对性地引入质量管理体系，通过质量管理体系的建立和宣贯，助力富池医药化工产业园区产业链企业的质量管理水平上台阶。

（4）帮助企业落实企业主体责任，减少中小微企业的质量风险。

（5）总结中小微企业经验，推广质量提升成果。

（三）CQM 方圆一体化实施方案

作为富池医药化工产业园质量提升的第三方技术服务机构，基于 CQM 方圆"标准·认证+"理论和"六化三步"模式，策划形成了详细的项目实施方案，组成了调研诊断、体系建设、质量帮扶、主体责任落实 4 个项目实施小组，制定了项目推进时间表，规定了每个小组的职责、流程、目标和需要提交的成果。具体做法如下。

1. 周密策划，精心部署，明确分工和时间节点

管理层多次召开专题会，研究项目要求，制订实施计划，关注项目进度，并多次深入项目现场调研和指导，掌握每项工作的时间节点，确保按时、保质、保量完成项目各项任务。组建专业的项目团队，明确职责，分工协作，调集公司资源，配备专业老师，确保服务质量。积极与黄石市、阳新县市场监督管理局进行联系和联动，沟通项目方案，商讨实施计划，协调工作安排，汇报阶段进度，随时调整工作方式，确保项目按节点、按进度实施。建立周报工作制，实现信息及时共享，确保项目受控。

2. 调动资源，明确分工，按步骤实施调研

阳新县市场监督管理局、富池医药化工产业园、CQM 方圆湖北公司联合召开三方协调会，确定调研对象、调研方法，组建项目团队，明确联系人，商定后勤保障。

根据园区内企业特点，制定了专用体系运行诊断表，主要内容为：质量管理、资源管理、产品实现过程、变更管理、产品检验及不合格品控制 5 个方面 50 个小项，并赋予相应的分值。调研小组每组 2 人及以上，通过座谈、查阅文件和记录、现场查看等方式对园区内核心企业进行调研，针对园区内 5 家主要企业提供了"一企一策"的质量提升现状调研报告、问题清单及质量改进建议书，汇总分析编制形成了《阳新县阳新远大富池医药化工园区产业链调研报告》。

3. 紧贴需求，注重效果，有针对性地进行培训

针对调研中发现各企业存在的薄弱环节及企业的需求，精心设计了培训课程，举办了管理体系的过程管理、七大质量管理工具、卓越绩效标准、国家市场监督管理总局第 75 号令等专题培训共 5 期，各类参训人员共计 400 余人次。

4. 精心辅导，授人以渔，注重形成长效机制

为了起到以点带面、典型示范效应，通过沟通及根据企业意愿选取湖北远大富驰医药化工股份有限公司（以下简称富驰公司）和湖北富博化工有限责任公司作为重点提升帮扶对象。通过三定、二出、一利的方法促使企业效益提升（定队伍、定目标、定时间、出成果、出效益、利推广）。

（1）湖北远大富驰医药化工股份有限公司。针对调研中梳理的问题：硫酸二甲酯生产中酸度的检测效率不高，检测结果不能及时反映工艺瞬时控制情况，不能适时指导工艺控制；硫酸二甲酯成品含量虽达到标准规定的一等品水平，但不能满足当前市场更高要求。一是组建团队，拟定目标；二是明确问题，分析原因；三是拟定对策，组织实施；四是验证效果，巩固提升。具体如下。

远大富驰医药化工股份有限公司硫酸二甲酯质量提升

1. 组建团队，拟定目标

1.1. 组建团队。

成立项目组：成立质量提升小组，由富驰公司和帮扶机构人员组成。

1.2. 拟定目标。

（1）优化酸度检测方法，检测周期由 60min/ 次缩短到 30min/ 次以内。

（2）优化硫酸二甲酯工艺，含量由 98.5% 提升到 99.5%，达到优等品水平。

2. 明确问题，分析原因

2.1. 三氧化硫的吸收工序。在连续生产时，吸收三氧化硫后的二甲酯溶液酸度要求控制在 10%～12%，酸度检测周期 60min/次，检测结果不能及时指导工艺控制。

2.2. 客户要求硫酸二甲酯成品含量为 99.5%，当前的工艺水平和拟提升目标的对比情况如下：

硫酸二甲酯质量指标

指标名称	指标 一级品	指标 优等品
硫酸二甲酯含量 [$(CH_3)_2SO_4$]/% ≥	≥ 98.5%	≥ 99.5%
酸含量（以 H_2SO_4 计）/% ≤	≤ 0.6%	≤ 0.3%

3. 拟定对策，组织实施

3.1. 酸度 10%～12%（按硫酸含量计）的控制，依照酸碱滴定法原理建立半定量分析模型或电位滴定的快速分析方法，检测周期可达到 30min/次。尽可能地反映出瞬时值。

3.2. 工艺过程能力提升。

从"人、机、料、法、环、测"六个方面对工艺进行分析，改进措施概述如下。

（1）三氧化硫的吸收控制：酸度 10%～12%（按硫酸含量计）的控制。

①一级吸收系统的温度应控制在 70℃～85℃。

②保持二级吸收系统的温度为 30℃～60℃。

③二级吸收系统中的二甲酯溶液控制酸度 ≤ 10%，以充分吸收三氧化硫。

（2）粗制品精馏控制：由间歇式精馏调整成连续不间断地精馏。

①对精馏塔及精馏系统物料管道改进优化，提升蒸馏的塔板数。

②对精馏锅内的硫酸氢甲酯进行回收循环利用。

③对精馏塔和真空系统实施在线监测，控制馏分提升粗品纯度，确保二次精馏的产品达到预期目标（含量≥99.5%）。

3.3. 具体措施。

依据工艺过程控制分析，结合企业实际现状，制定具体措施如下。

（1）硫酸二甲酯控制指标及监测方案。

控制项目	控制点	控制指标	时间间隙	控制归口
温度 /℃	醚化锅	115～145	每1小时	粗制工
	汽化器	70～80	每1小时	粗制工
	碱洗槽	≥70	每半小时	粗制工
	水冷器出口	5～8	每半小时	粗制工
	氨冷气出口	−5～5	每半小时	制冷工
	酯化塔出口	85～95	每1小时	粗制工
	酯化塔进口	85～95	每1小时	粗制工
	酯化槽	95～105	每1小时	粗制工
	吸收塔进口	60～65	每1小时	粗制工
	吸收塔出口	80～85	每1小时	粗制工
	吸收槽	85～95	每半小时	粗制工
	蒸发锅	120～145	每1小时	精制工
	再沸腾	80～90	每1小时	粗制工
	精馏塔顶	70	每半小时	粗制工
压力	真空度	−750mmHg	每1小时	精制工
	二甲醚气压	20～80mmHg	每1小时	粗制工
	进车间蒸汽压力	4～6Mpa	每1小时	班长
过程监视	吸收酯化	11～16	每1小时	精制工
	粗制精制	≤3%，≤0.6%	每1小时	粗制精制工

165

（2）酸碱度快速检测方案。

项目	方案内容	检测原理	测量精度	检测条件
酸度	配制并标定 0.5 碱度/ml 标准溶液，分装 50ml/瓶备用；用酚酞做指示剂。半定量范围 ±0.5 酸度	酸碱中和原理	半定量 ±0.5 酸度 快速中控	车间现场方法学验证
碱度	配制并标定 0.5 酸度/ml 标准溶液，分装 50ml/瓶备用；用微量取样器进行滴加，用紫色石蕊做指示剂。半定量范围 ±0.5 碱度	酸碱中和原理	半定量 ±0.5 碱度 快速中控	车间现场方法学验证
酸碱度	自动吸入样品，通过设定的稀释池混合后，进入检测池，用标准滴定液进行电位滴定测酸度或碱度	通过测量电位变化确定滴定终点	定量 0.1mV～1mV 在线中控	车间现场或在线测方法学验证

（3）改进后的工艺控制图如下。

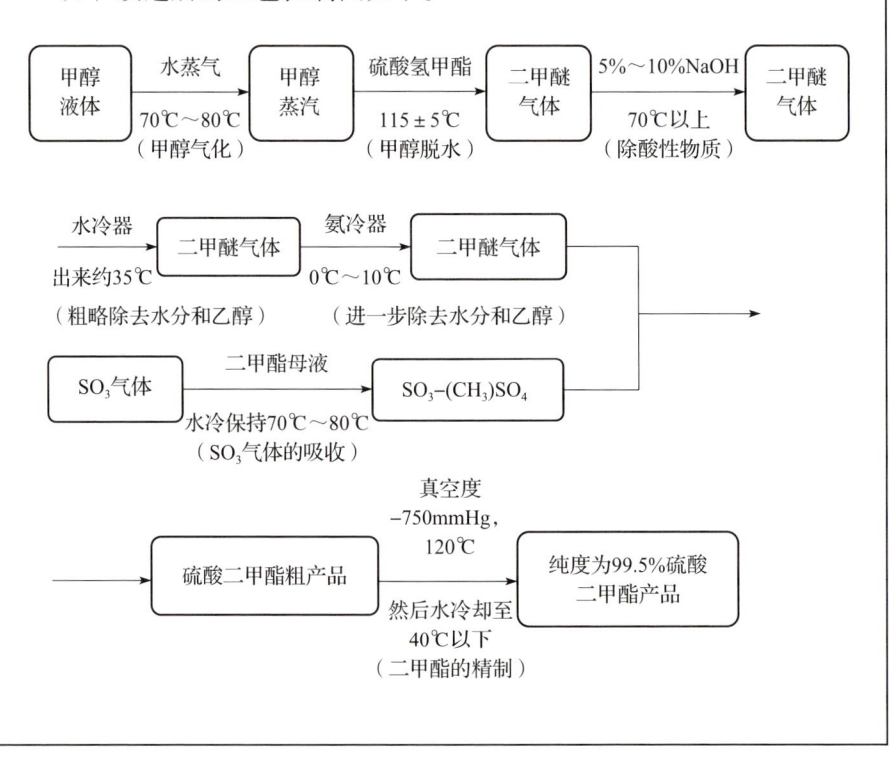

甲醇液体 →(水蒸气, 70℃～80℃，甲醇气化)→ 甲醇蒸汽 →(硫酸氢甲酯, 115±5℃，甲醇脱水)→ 二甲醚气体 →(5%～10%NaOH, 70℃以上，除酸性物质)→ 二甲醚气体

→(水冷器 出来约35℃，粗略除去水分和乙醇)→ 二甲醚气体 →(氨冷器 0℃～10℃，进一步除去水分和乙醇)→ 二甲醚气体 →

SO_3气体 +（二甲酯母液 水冷保持70℃～80℃）→ SO_3-$(CH_3)SO_4$（SO_3气体的吸收）

→ 硫酸二甲酯粗产品 →（真空度 −750mmHg，120℃，然后水冷却至40℃以下，二甲酯的精制）→ 纯度为99.5%硫酸二甲酯产品

按照 ISO 9001 质量管理体系的标准要求，对改进后的关键工序和特殊过程实施确认和验证；同时对过程控制的检测方法进行方法学验证。对原材料、中间产品、最终产品等全生命周期、全过程的控制形成文件，对全员进行培训，对关键人员进行效果评价。

4. 验证效果，巩固提升

4.1. 建立了酸碱度半定量检测 SOP（标准操作程序），进行了方法学验证，数据统计如下。

项目	202310023	202310024	202310025	202310026	202310027
测定时间/min	25	23	24	23	23
准确度	±0.5	±0.5	±0.5	±0.5	±0.5
中间精密度	可接受	可接受	可接受	可接受	可接受
重现性	可接受	可接受	可接受	可接受	可接受
专属性	石蕊/酚酞	石蕊/酚酞	石蕊/酚酞	石蕊/酚酞	石蕊/酚酞
耐用性	10℃～30℃	10℃～30℃	10℃～30℃	10℃～30℃	10℃～30℃

4.2. 改进后，试生产连续 5 批，数据如下。

项目	202310023	202310024	202310025	202310026	202310027
硫酸二甲酯含量 [$(CH_3)_2SO_4$]/%	99.47	99.53	99.55	99.55	99.57
酸含量（以 H_2SO_4 计）/%	0.32	0.28	0.23	0.2	0.15

4.3. 试生产后，工艺验证连续 5 批，数据如下。

项目	202310086	202310087	202310088	202310089	202310090
硫酸二甲酯含量 [$(CH_3)_2SO_4$]/%	99.57	99.56	99.57	99.58	99.57
酸含量（以 H_2SO_4 计）/%	0.13	0.15	0.1	0.12	0.11

> 结论：从检测方法学验证、试生产、工艺验证数据来看，本次改进达成了预期目标：①酸碱度检测周期≤30min/次；②硫酸二甲酯含量≥99.5%，达到优等品水平。

（2）湖北富博化工有限责任公司。将原分别制定的管理手册整合成一套涵盖质量、环境、职业健康安全三方面的管理手册，识别、补充和修订为三体系整合程序文件，一套共30个。同时，把国家市场监督管理总局第75号令的要求有机融合到了新的管理体系中，解决了文件中存在冲突的管理要求，使其协同一致，降低管理成本，规避质量安全风险。

在不改变现有生产设备和工艺（因产品高危险性特点，若改变设备及工艺需要复杂的审批流程，同时也会极大地增加成本投入）的前提下，通过对精馏过程各时段采出产品的质量分析，保持原有精馏采出产品时长（10小时），改变精馏过程中产品的采出方式，将连续混合采出改为分段采出不同时段的产品（取第5小时至第8小时采出产品作为目标产品）。经过近一个月的连续试运行，对产品质量进行连续分析，亚硝酸盐含量均在5ppm以下，满足了高端客户的要求。

针对梅雨期间受潮湿环境及长时间海上运输的影响，产品标签易起皱，影响产品外观质量问题，提出了解决方案。但目前无法模拟梅雨期产品的储存条件，待具备条件后对方案进行验证和确认。

5. 推广提升成果

为推广提升成果，编制了良好案例2份："优化精馏工艺、成就卓越品质"——湖北富博化工有限责任公司，"优化检测和控制工艺提升效率和产品质量"——湖北远大富驰医药化工股份有限公司。

（四）项目实施给客户带来的价值

截至2023年11月底，共服务企业5家，解决质量问题65个，其中组织质量管理体系、过程管理、标准宣贯等各类培训会5场，培训26家企业员工400人次，产生直接经济效益1300余万元。其中，对湖北远大富驰医药化工股份有限公司的帮扶，优化了硫酸二甲酯生产工艺，建立了酸碱度检测方法，完善企业工艺管理制度，促进了企业人员素质提升、检测方法的优化、生产工艺文件完善、工序设备效率提升、采购物料的合格率提高，全面提升了企业的工作质量和产品质量，降低了出差错的风险，预计 2023 年经济效益增加 770 万元；对湖北富博化工有限责任公司生产过程中的关键工序精馏过程产品采出方式的改变，编制了新的《精馏工艺作业规程》1 份，固化操作方式，纳入企业知识管理，还编写了企业标准 Q/HFB 01-2023《工业用硝基甲烷》1 份，提升后预计增加直接效益 320 万元 / 年，稳固了企业在行业及国际上的竞争地位和品牌效应。

（五）客户反馈评价

项目实施的各阶段均由客户进行确认评价，阳新县市场监督管理局在园区企业满意度评价的基础上，结合多次现场跟踪及项目组的汇报，最终评价结论为"满意项目服务质量"及"认可质量效益测算"。服务满意度评价表如图 5-36 所示。

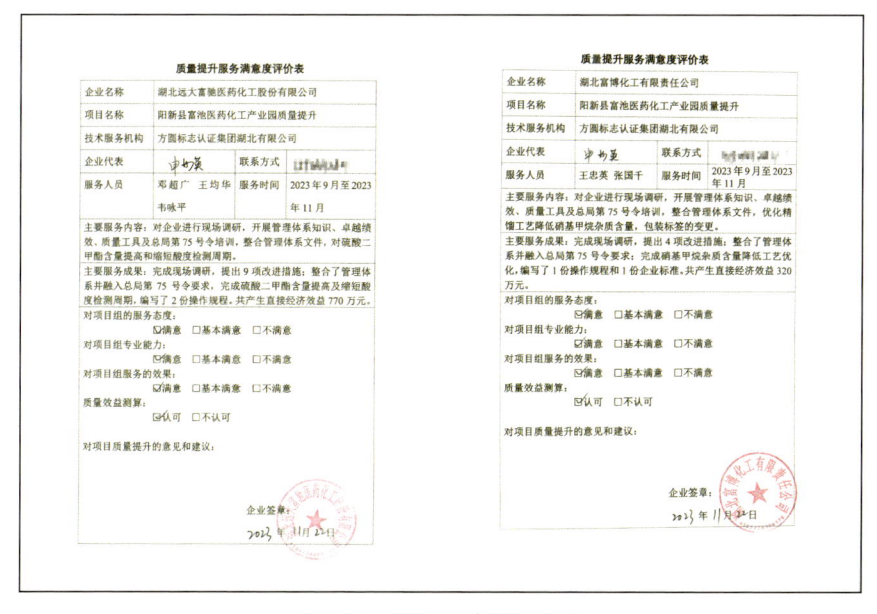

图 5-36　服务满意度评价表

"标准·认证+"理论与实践

为了推广质量提升经验和成果,《中国质量报》于 2023 年 12 月 5 日在头版进行了宣传报道（见图 5-37），新浪新闻等也同步转载。

图 5-37 《中国质量报》头版报道

案例三：质量认证助推南京雨花台区软件和信息技术服务产业奔向"高质量"

（一）客户简介

软件和信息技术服务业作为"中国软件名城"南京市优先发展的重点产业，依托我国"千亿级软件产业基地"——中国（南京）软件谷，培育一批专业型软件企业，形成骨干企业"顶天立地"、中小企业"铺天盖地"的蓬勃发展态势，形成一批国内外知名企业品牌和产品品牌。2022 年实现业务收入 2600 亿元，同比增长 15.2%，占全市比重达 40%，集聚涉软企业 3842 家。其中，小微企业 2000 余家，软件和信息技术服务业集聚优势明显。在《认监委秘书处关于持续做好"小微企业质量管理体系认证提升行动"相关工作的通知》（认秘函〔2022〕33 号）中，南京市雨花台区信息技术服务业作为有较强集聚效应和代表性的区域产业，被认监委选为首批开展区域试点工作的行业。

（二）客户需求

为了认真落实《认监委秘书处关于持续做好"小微企业质量管理体系认证提升行动"相关工作的通知》的要求，需持续深入雨花台区软件和信息技术服务业开展小微企业质量管理体系认证提升行动，解决区域产业质量管理尚未受到应有重视、软件开发过程与质量管理体系融合不够、软件开发规范未体现质量管理基本要求等"痛点"问题，推动提升行动工作机制更加完善，提升行动政策措施更加优化，提升行动助力经济社会发展、产业转型升级效应更加显著，形成一批管理先进、标准领先的先进组织，培育一批具有自主知识产权和自主品牌的优质产品，打造一批具有显著竞争优势的现代企业，全面提升区域产业质量水平，提升行业质量意识和知识产权保护意识，有效赋能区域产业升级和经济高质量发展。

（三）CQM 方圆一体化实施方案

1. 方案设计

CQM 方圆江苏公司基于"标准·认证 +"理论和"六化三步"模式，协同雨花台区市场监督管理局，在提升行动中通过运用标准化、数字化工具等方式，创新质量提升模式，充分发挥质量认证手段，以认证帮助企业与其客户构建信任，以认证让客户感知企业的变化，进而放心选择企业的产品，达到"三维四区五满意 三全绩效双提升"的帮扶成果，有效突破制约软件产业质量提升的关键共性技术瓶颈，以质量提升助推软件产业链发展跃级。雨花台区市场监督管理局与德清县市场监督管理局的签约仪式如图 5-38 所示。

图 5-38　雨花台区市场监督管理局与德清县市场监督管理局的签约仪式

2. 具体措施

（1）编写《应用软件行业企业质量管理核心过程实施指南》（见图 5-39），且编制的实施指南入选"国家小微企业质量管理体系认证提升行动企业质量管理核心过程实施指南"，编制的提升案例 1 篇入选国家级优良案例（见图 5-40），2 篇入选江苏省优良案例。

图 5-39　《应用软件行业企业质量管理核心过程实施指南》

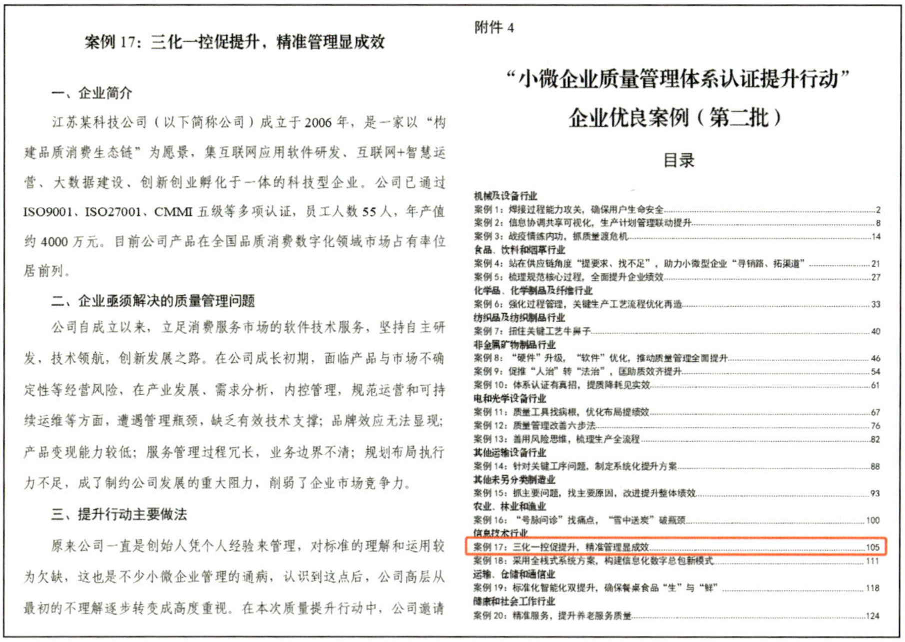

案例 17：三化一控促提升，精准管理显成效

一、企业简介

江苏某科技公司（以下简称公司）成立于2006年，是一家以“构建品质消费生态链”为愿景，集互联网应用软件研发、互联网+智慧运营、大数据建设、创新创业孵化于一体的科技型企业。公司已通过ISO9001、ISO27001、CMMI 五级等多项认证，员工人数 55 人，年产值约 4000 万元。目前公司产品在全国品质消费数字化领域市场占有率位居前列。

二、企业亟须解决的质量管理问题

公司自成立以来，立足消费服务市场的软件技术服务，坚持自主研发，技术领航，创新发展之路。在公司成长初期，面临产品与市场不确定性等经营风险，在产业发展、需求分析，内控管理，规范运营和可持续运维等方面，遭遇管理瓶颈，缺乏有效技术支撑；品牌效应无法显现；产品变现能力较低；服务管理过程冗长，业务边界不清；规划布局执行力不足，成了制约公司发展的重大阻力，削弱了企业市场竞争力。

三、提升行动主要做法

原来公司一直是创始人凭个人经验来管理，对标准的理解和运用较为欠缺，这也是不少小微企业管理的通病，认识到这点后，公司高层从最初的不理解逐步转变成高度重视。在本次质量提升行动中，公司邀请

附件 4

“小微企业质量管理体系认证提升行动”

企业优良案例（第二批）

目录

图 5-40 荣获国家级优良案例

（2）开展培训，形成企业高质量发展的“牵引力”。对链主企业开展培训，积极引导申报各级质量奖、质量信用等级评定，树立质量管理标杆，传递先进质量文化，带动链上企业参与质量管理体系认证，带动产业链上下游企业纳入一体化质量管理体系，推动先进质量理念和质量管理模式向全产业链延伸，为企业提供便利、快捷的质量基础设施服务，提升产业链质量保障能力。

（3）突出质量认证牵引，要素融合事半功倍。一是开展质量管理体系认证，进行质量管理体系建设，帮助企业重构质量管理架构，优化流程，发现问题，从而实现降低代码开发工时、缺陷率和开发成本，提高一次交检合格率、有效工时产出率、生产周转率等关键要素性指标达成，进而满足客户需求，增强客户满意度。二是结合行业特点，拓展信息安全管理体系、信息技术服务管理体系认证覆盖面，促使企业的管理水平与国际先进水平接轨，促进企业技术创新，推动企业的技术进步和发展，研发“绿色应用软件”认证并开展试点工作，现场审核后为企业颁发认证证书，获证

"标准·认证+"理论与实践

企业通过认证提高了品牌效应。

(四) 项目实施给客户带来的价值

截至 2023 年 3 月，雨花台区质量管理体系认证增长 13.6%，信息安全管理体系认证增长 31%，信息技术服务管理体系认证增长 39.7%。培育首席质量官 767 人，2 人入选科技部高层次人才项目。通过提升软件业务，收入达 2600 亿元，同比增长 4.52%。实现地区生产总值 586.5 亿元，同比增长 1.6%。签约项目投资总额为 351.8 亿元，外贸进出口总额为 227 亿元。经评估，软件谷产业结构高级化水平达 19.6%。

(五) 客户反馈评价

通过小微企业质量管理体系认证提升区域试点，进一步提高了 CQM 方圆的品牌形象，获得了市场监管部门的关注，CQM 方圆 "标准·认证+" 理论和 "六化三步" 模式以其独特的视角、有效的方法获得雨花台区市场监督管理局和各试点企业的一致认同。企业感知到 CQM 方圆的先进理念，进而对 CQM 方圆产生了信任感，借助 CQM 方圆的帮助，企业实现价值的转化，CQM 方圆获得了参与企业的认可，社会反响良好，学习强国、《新华日报》等多家媒体对 CQM 方圆的举措进行了报道 (见图 5-41)，提升行动的影响力逐渐扩大，得到雨花台区委、区政府的高度重视，并将其列入 2023 年 "十大攻坚项目"。

南京善思现代农业有限公司致力以科技创新保护农业生态环境、农业生产安全和农产品质量安全。面对行业内无标可依、无序可循的现状，雨花台区市场监督管理局牵手方圆标志认证集团江苏有限公司，为南京善思现代农业有限公司量身打造一套科学、有效的工作方法和管理制度，形成一系列与公司实际情况相匹配的基础标准和操作规范，建立起针对植保无人机喷施托管标准化服务体系，并通过对服务过程的监测和考核机制，促进服务和管理效能的提升，社会效益和经济效益显著。

图 5-41 媒体关注：CQM 方圆助力南京企业完善标准化服务体系

案例四：安平丝网"阶梯式"创新服务模式获全国推广

（一）客户简介

世界丝网看中国，中国丝网在安平。安平丝网迄今已有500多年的历史，始于制作筛分粮食的马尾罗。作为衡水丝网产业的主要聚集区，安平县拥有丝网生产企业1.3万余家，其编织类丝网产销量、出口量均占全国的80%以上。2023年，安平丝网产业产值达1057亿元，成为衡水市首个千亿级县域特色产业集群。

随着时代的发展，安平丝网产业从"安平织造"向"安平智造"加速转型，产品应用范围涵盖了从日常用品到青藏铁路、神舟飞船等多个领域，形成了6大系列、400多个品种、6000多种规格。销往全国660多个城市，190多个国家和地区，国内外销售网点多达16000家，成为全国最大的丝网生产出口基地和世界最大的丝网产品集散地之一。

安平丝网作为河北省最具特色、最具活力的县域产业集群之一，对全县生产总值、财政收入、人均纯收入的贡献率均超过70%，"无业不用网，有网出安平"，从默默无闻到世界瞩目，安平以丝网为经、用智慧作纬，在数百年的传承中，成就了产业繁荣的时代经纬，铸就了"安平丝网走天下"的格局。未来，安平将致力于打造"中国丝网第一城"，传承丝网文化，让天下网都迸发出新的活力。

（二）客户需求

集群大、品种全，是安平丝网产业发展的特色，但大群体小规模，有高原、无山峰，主营业务相似，产品结构雷同，装备水平落后是安平丝网产业发展的瓶颈。如今的安平丝网，正面临着以下困难。

（1）丝网产业覆盖了原材料供应、生产工艺制造、产品深加工等全部产业链，但是高端产品较少，产品附加值相对较低，制约了丝网产业的高质量发展。需要提高产品品质，加强产品创新。

（2）企业负责人质量认证意识不足，管理体系未融入实际，缺乏质量管理人员，质量工作缺乏全员参与，设备与技术落后，供应链管理薄弱，市场竞争力弱，等等。需开展质量管理体系认证，提高质量管理水平。

（三）CQM 方圆一体化实施方案

为了更好地服务安平丝网产业高质量发展，服务小微企业质量管理体系提升，CQM 方圆河北公司结合省局对中小企业质量管理体系认证提升的工作部署，针对安平丝网产业区域环境、行业特色，围绕着质量管理提升活动的主旨，帮助小微企业树立先进的质量管理理念，采取集中纳入、梯次培训、阶段认可、分期获证的方式，积极探索"阶梯式"质量管理提升新模式，针对企业不同阶段、不同类型、不同情况制定个性化提升方案，建立健全小微质量管理体系，不断提升小微企业管理质量。

1. 前期准备阶段——抓信息获取

为做好"阶梯式"质量管理提升新模式，CQM 方圆河北公司进行了充分的前期准备。

（1）成立领导小组。CQM 方圆河北公司高位谋划、周密部署，成立以总经理为组长的中小微企业质量管理提升小组。

（2）开展企业调研。领导小组由组长亲自带队，深入安平县前进丝网制品有限公司等 10 家有代表性的小微企业现场进行 10 天调研（见图 5-42）。通过现场考察、座谈、交流等方式了解企业质量管理现状，摸清企业质量提升需求，开展质量问题诊断，列出问题清单，指导企业制定改进措施，指导企业制定质量提升方针、目标及完成措施。

图 5-42　提升小组到安平县前进丝网制品有限公司调研

（3）建立工作台账。为小微企业建立"小微台账"，CQM 方圆河北公司发挥各类认证和技术专家作用，针对企业质量管理发展需求和质量管理问题，通过调研、走访为企业"画像"，安排专业团队为企业量身制定方案，实现"一家企业、一个方案、一套人马、一本档案"，为统一管理和后续跟踪服务打下良好的基础。

2. 梯次培训阶段——抓能力提升

对在统一培训中有认证需求的小微企业，CQM 方圆河北公司针对调研过程中发现的各种问题，采用小班形式（10 家企业以内）实施精准培训，突出专业性和实效性，促进体系运行效能提升（见图 5-43）。通过精准培训，提升企业识别内外部环境带来的风险意识，帮助企业更好地理解和满足客户需求，帮助企业更好地应对不断变化的市场，帮助员工掌握质量管理的基础知识和技能，帮助员工培养解决问题的能力，系统掌握 PDCA 循环原理、过程管理方法；形成以质量为核心的企业文化，提高产品或服务的质量竞争力，提升企业的整体绩效和声誉，为实现可持续发展做出贡献。

"标准·认证+"理论与实践

图 5-43　安平县前进丝网制品有限公司专题培训

3. 阶段认可阶段——抓模块通过

CQM 方圆河北公司对小微企业在质量体系认证提升过程中的某些模块或某些阶段创新采取阶段认可的方式，由质量提升小组指导或帮助小微企业相关人员进行管理体系内部审核，对于符合的模块进行阶段认可，表明这些模块已经达到质量体系认证标准。在此次安平丝网小微企业质量管理体系提升过程中，针对 6 家企业的多个模块采取了阶段认可的方式，取得了良好的效果。安平县瑞邦丝网制造有限公司改造后的厂区如图 5-44 所示。

图 5-44　安平县瑞邦丝网制造有限公司改造后的厂区

4. 分期获证阶段——抓梯次获证

由于试点企业人员队伍素质、基础管理水平参差不齐，质量管理体系提升快慢不同，CQM方圆河北公司根据阶段认可的结果，对不同层次企业开展ISO 9001质量管理体系认证工作进行了分期实施。对于尚未取得ISO 9001质量管理体系认证证书、还没有提交申请、已经提交申请、已经通过文件审核及审核结束后的小微企业，针对不同的情况，采取不同的解决办法，确保问题得到有效解决。

5. 跟踪服务阶段——抓持续改进

取得ISO 9001质量管理体系认证证书并不代表认证工作已经结束，更不是质量提升工作的终点，为确保ISO 9001质量管理体系的持续有效性和符合性，做好后期跟踪服务工作尤为重要。因此，CQM方圆河北公司根据安平丝网小微企业管理体系运行实际情况，结合企业实际，采取了分类帮扶、分类实施的方法，针对体系运行中存在的问题，分门别类地完善各种管理办法，有效巩固和提升质量提高活动的总体绩效水平。

（四）项目实施给客户带来的价值

2023年，CQM方圆河北公司采用"阶梯式"认证服务新模式，利用5个月时间，分3个梯次培训安平县100家小微企业，选取10家小微企业开展试点推动，实际帮扶6家小微企业获得认证证书，取得了初步成效，为下一步在全省4个省级试点探索推开"阶梯式"认证服务新模式奠定了基础，积累了经验。通过以点带面，安平县丝网产业新增214张质量管理体系认证证书，全县参与提升的小微企业累计增加经济效益2500万元。2023年安平县丝网产业产值超1000亿元，出口达32.2亿元，安平丝网品牌享誉国内外。

（五）客户反馈评价

CQM方圆积极与客户进行合作，在项目初期的研发和项目具体内容的制定方面，均提出建设性建议并被客户所采纳。客户对本项目专家团队的专业性和工作方式充分信任，对专家团队服务态度和工作效率充分肯定，经过本次项目，双方合作关系更加紧密，并建立了长期的合作关系。

第三节 区域及联盟品牌建设

案例一：全国首个区域性公共品牌"浙江制造"

（一）需求分析

浙江省是制造业大省，一批产业和产品的市场占有率、出口规模居全国前列。但也要看到，制造业总体仍处于产业链的中低端，存在核心竞争力和自主创新能力不强、知名品牌不多、质量效益不够理想等问题，亟待转型升级和创新发展。同时浙江省已经成为服装、家电、汽车等行业的世界制造基地，出口产品需要大量国际认证。

为了深入贯彻浙江省委第十一届三次、四次、五次全会精神，联动推进标准强省、质量强省、品牌强省战略，深入实施知名企业、知名品牌、知名企业家培育工程，加快推进经济转型升级。2013年，浙江省人民政府办公厅发布了关于打造"浙江制造"品牌的意见，提出以标准和认证为抓手，通过高标准的运用实施来引领"浙江制造"的高品质发展，对符合高标准、高品质要求的浙江产品进行"浙江制造"认证。通过持续和整体培育，努力形成集质量、技术、服务、信誉于一体，市场与社会公认的"浙江制造"区域公共品牌。

（二）CQM 方圆一体化实施方案

"浙江制造"品牌的建设路径是指坚持市场化运作和政府引导推动相结合，以标准和认证为手段，运用高标准来引领"浙江制造"高品质发展。对符合高标准、高品质要求的浙江产品进行"浙江制造"认证，通过持续和整体培育，最终打造形成品质高端、技术自主、服务优质、信誉过硬、市场与社会公认的"浙江制造"品牌。

1. 成立"浙江制造"国际认证联盟

从 2014 年"浙江制造"认证联盟成立，到 2016 年正式更名为"浙江制造"国际认证联盟，多年来，"浙江制造"国际认证联盟在面对全球经济复杂的形势和制造业激烈的竞争时，积极发挥技术优势，通过深化国际合作、加强技术创新、优化认证体系等举措，为浙江制造业质量提升、开启品牌国际化进程保驾护航，向世界展示"浙江制造"实力，推动浙江制造业迈向高质量发展新阶段。联盟拥有美国 UL、瑞士 SGS、法国 BV、英国 Intertek 及中国质量认证中心 CQC、CQM 方圆等 19 家国内外知名检测认证机构。CQM 方圆董事长兼总裁冀晓东为联盟第一任主席，后当选终身名誉主席，为推动"浙江制造"区域品牌高质量发展做出了巨大贡献。

2. 构建 A+B+C 标准化文件体系

按照"一体化设计、标准化实施、第三方认证/评价、市场化运作"的思路，构建 A+B+C 标准化文件体系。A 是企业评价标准，从质量、创新、产业协同、社会责任等方面提出认证组织所需达到的基本条件，用于品牌管理机构开展品牌管理与监督保护。B 是产品技术、生产管控标准，对产品的技术要求、试验方法、检验规则等提出明确要求和规范，用于指导产品研发设计、生产制造、试验检验等。C 是服务保障标准，从质量、价格、投诉处理等方面提出认证组织的服务要求，旨在提升消费者的信心和信任，用于指导产品服务评价。"浙江制造"标准不仅全面覆盖现行强制性标准要求，而且部分关键技术指标优于国家和行业标准，全面体现国内一流企业一流产品的技术水平，引领行业技术提升。

3. 实现"一次认证、多国证书"

致力于标准国际化。针对外向度高的"浙江制造"产品，在制定"浙江制造"团体标准的过程中，充分梳理企业外销贸易地、进口国的标准要求，全面对比两者标准要求，将存在的异项进行吸纳融合，形成适应多国要求的"浙江制造"产品标准。对于已发布的"浙江制造"标准，采取相同项采信、差异项补测的方式完成产品检测。

聚焦认证精准化。面向市场，对接企业，施行"一企一策""一品一策"的认证方案，实现"依据一个浙江制造标准、开展一次产品检测、实施一场现场审核，颁发多国证书"。通过"浙江制造"现场评审及相关产品的检测，认证企业在获得"浙江制造"品牌认证证书的同时，也可取得GS（德国安全认证标志）、CE（欧洲共同市场安全标志）等国际合作证书和符合性文件，全面覆盖欧美、东南亚等多个国家和地区，保障企业产品符合出口地的市场准入法规及各项技术要求。

2016年，在"浙江制造"认证项目与IQNet国际认证联盟的北京IQNet全会上，浙江制造品牌建设促进会秘书长陈自力、CQM方圆董事长兼总裁冀晓东和IQNet秘书长Pedro Alves三方签署了《合作备忘录》（见图5-45），实现"浙江制造"认证国际认同方面的突破。

图 5-45　三方签署《合作备忘录》

（三）项目实施给客户带来的价值

截至2024年9月，浙江省共有4000多家企业的2000多种产品，获得了"品字标浙江制造"认证证书。其中，有400多家企业的400多种产品获得了"品字标浙江制造"国际合作认证证书。这些认证覆盖了46个国家和地区，带动出口额超过1200亿美元。这不仅极大地提高了获得认证的效率和市场的认可度，还为"浙江制造"的产品快速进入多个国家和地区的市场提供了一张"通行证"。

"浙江制造"是我国首个区域性公共品牌，体现了浙江在标准化和认证领域的创新和实践，是对"浙江制造"品牌形象的一次全面提升。这不仅有助于提高"浙江制造"产品的国际竞争力，也为我国企业在全球市场上的拓展提供了有力的支持。同时，这个项目也为其他地区的制造业发展提供了借鉴和参考。

（四）客户反馈评价

作为全国首个区域性公共品牌，"浙江制造"在推动我国制造业全面升级与转型的进程中，发挥了至关重要的示范与引领效应。浙江省人民政府及各相关方，对本项目专家团队展现出的卓越专业能力和工作模式充分信任，对其优质的服务态度和高效的工作效率充分肯定。同时，对CQM方圆所做出的贡献给予了高度的赞扬与认可，这一成就也使CQM方圆在业界赢得了广泛的赞誉与高度评价。

案例二：质量联动赋值"新疆品质"区域公共品牌

（一）客户简介

新疆是我国面积最大的内陆省份，其地大物博、物产丰富、得天独厚的自然资源孕育出具有独特优势的特色产品，形成绿色生态甜美的口碑和形象。为充分利用好新疆优势资源，更好地发挥政府引导和区域公共品牌带动作用，新疆维吾尔自治区人民政府印发了《关于实施"新疆品质"区域公共品牌建设工程的指导意见》（新政发〔2021〕93号）等相关文件，启动"新疆品质"品牌建设工作。

（二）客户需求

以标准化为引领，运用"标准·认证+"理论的品牌培育手段，逐步实现"新疆品质"区域公共品牌建设目标，加速实现品牌提质升级和产品产销衔接。

（1）建设"新疆品质"区域公共品牌，打造独特的品牌形象，提升品牌的市场竞争力。

（2）实现产品生产和销售衔接，打通产品生产到销售的全链路，实现生产与销售计划相结合，既满足市场需求，又能够在生产环节降低成本、提高效率。

（3）积极响应国家乡村振兴战略，实现"新疆品质"区域公共品牌各组织协同发展，进一步推动新疆经济发展。

（三）CQM 方圆一体化实施方案

1. 方案设计

面向区域公共品牌建设需求，CQM 方圆以"标准·认证+"理论及"六化三步"模式为指导，进行一体化方案设计。

CQM 方圆联合新疆市场监管局开展实地调研，识别"新疆品质"区域品牌的独特价值和市场需求，明确品牌定位。通过了解产品的产业规模、质量水平、消费群体特征及竞争环境等，挖掘产品优势指标、独特卖点和文化属性，为"新疆品质"标准化实施提供基础数据库。

为实现区域品牌的统一运营管理，CQM 方圆帮助区域制定统一的标准体系，包括产品质量、技术规范、生产工艺和品牌管理等方面，并构建有效的执行机制，确保标准得到切实执行，从而全面提升区域品牌的竞争力和持续发展的能力。运用专业的认证手段，紧密结合区域品牌的独特性和发展需求，对管理体系、产品质量或服务品质进行全面认证，并利用数字化的手段实现高品质可追溯，旨在确保相关标准得到有效执行和持续提升，进而为"新疆品质"的可持续发展提供坚实的保障。

明确"新疆品质"价值体系及发展方向；构建品牌培育与制度体系，以及品牌营销推广策略，并利用数字化平台宣传推广"新疆品质"的品牌形象与产品服务，以实现持续强化品牌价值的目的；同时利用CQM方圆自身品牌的信任优势帮助企业提升市场认可度，进一步提升品牌形象，以标准认证为基础，增强品牌效益，提升"新疆品质"的知名度和美誉度。

2. 具体措施

（1）建立健全"新疆品质"标准引领体系。通过构建标准体系，CQM方圆帮助新疆维吾尔自治区质量检验检测协会批准并发布了多项标准，为"新疆品质"特色农产品发展提供了新的"准则"，形成"新疆品质"产品标准体系首批标准矩阵，成为新疆优势产业产品品质管理提升的助推器。"新疆品质"标准体系的建立，对实现产业做大做强及产品质量服务提升具有重要意义。

（2）为加快推进"新疆品质"区域公共品牌建设，成立"新疆品质"区域公共品牌国际认证联盟，并确定认证联盟职能机构及人选，CQM方圆当选联盟理事会单位。"新疆品质"区域公共品牌国际认证联盟成立后，先后设计确定了认证标志，制定发布了认证标志授权使用管理规定、认证实施规则和工作制度模式，并严格依照认证标准进行实地考察、全程试验、综合检测和抽样检验，开展"新疆品质"认证工作，并将继续对符合高标准、高品质要求的新疆产品进行整体培育和认证，深入推进品质高端、服务优质、信誉过硬、市场与社会公认的"新疆品质"区域公共品牌建设工程，引领新疆特色产业逐步迈进质量时代和品牌时代。

（3）打造"新疆品质"产品溯源体系，构建"新疆品质"区域公共品牌公共服务平台（见图5-46），该平台发挥市场监管、认证联盟、获证企业的力量，为"新疆品质"区域公共品牌建设工程的政策宣传、认证申报、服务咨询、产品追溯、营销推广、监督管理等有关工作提供便捷的宣传推广服务渠道。移动小程序端还可供消费者进行产品质量追溯，每件通过认证的产品上贴有相应的二维码，通过扫描可以访问公共服务平台，进一步了解该产品的详细信息。平台的上线有助于社会各界了解和支持"新疆品质"区域公共品牌建设，更好地助力获证企业做好政策宣传、营销推广、产品溯源和服务监管工作。

图 5-46 "新疆品质"区域公共品牌公共服务平台

（4）培育"新疆品质"品牌营销体系。通过召开新闻发布会、宣传优秀案例及开展论坛的形式宣传"新疆品质"区域品牌，CQM 方圆利用自身品牌影响力和平台为"新疆品质"进行推介，并将为"新疆品质"区域品牌策划营销推广活动，以期获得更稳定持续的价值转化成果。

（四）项目实施给客户带来的价值

项目实施为推动"新疆品质"区域品牌的建设和运营注入强劲动力，产生的价值主要包括推动品牌进入规范化运行，提升品牌的认可度，持续增强品牌影响力。

一是品牌进入规范化运行。2021 年 12 月启动的"新疆品质"区域公共品牌建设工程是政府主导、服务全疆的区域品牌，也是推动产业升级、助力乡村振兴、促进经济发展的惠民工程。自该建设工程启动以来，先后成立了"新疆品质"区域品牌建设工作领导小组，组建了"新疆品质"区域品牌国际认证联盟，搭建了"新疆品质"区域品牌公共服务平台，发布了"新疆品质"区域品牌系列标准、认证规则、认证标志等一系列文件，健全了品牌培育、发展和保护体系，形成了支撑"新疆品质"规范运行的制度体系，成为推进落实"新品工程"建设的路线图、任务书和时间表。

二是品牌认可度不断提升。"新疆品质"实施两年来，受到社会各界的广泛关注和一致好评。截至2024年9月，共有多家企业的产品获得"新疆品质"认证证书，获证企业依托"新疆品质"的品牌效应，提高了产品信誉和经济效益。同时，获证企业充分发挥"领头羊"效应，吸引了更多企业和市场力量共同参与和推进"新疆品质"区域公共品牌建设。对于消费者来说，通过对"新疆品质"认证产品的认识和了解，提升了对新疆特色产品品质的期待和认可。

三是品牌影响力持续增强。CQM方圆充分发挥认证"传递信任，服务发展"的本质属性，推动了"新疆品质"与厦门市"鹭品"及深圳市"圳品"开展跨区域互认，极大地增加了"新疆品质"产品销量和社会认可度。2024年6月4日，由新疆维吾尔自治区市场监管局主办，CQM方圆承办的"世界认可日"暨"认证认可检验检测服务经济高质量发展"主题大会在乌鲁木齐市成功召开，会上，CQM方圆董事长冀晓东代表"新疆品质"区域公共品牌国际认证联盟与"鹭品"代表厦门市食品安全工作联合会副会长饶满华签署了"新疆品质"与"鹭品"的战略合作协议（见图5-47）。本次签约具有里程碑意义，有力推动了构建区域品牌间互认互促、共享共创的协同发展新格局。未来，"新疆品质"区域公共品牌将抓住"一带一路"建设发展机遇，以"新疆品质"品牌形象塑造传播为动力，以认证交流互认为契机，进一步开拓外向型市场，走向更为广阔的国内和国际舞台。

（五）客户反馈评价

CQM方圆始终围绕助推新疆特色产品和优势产业提质增效的根本任务，倾力打造"新疆品质"区域公共品牌，有效提升了新疆特色产品的质量。该项目实施两年来，获得了新疆维吾尔自治区人民政府和各认证企业的高度认可，也赢得了社会各界的广泛赞誉与深切关注，彰显了卓越的品质与深远的影响力。

图 5-47　签署"新疆品质"与"鹭品"战略合作协议

案例三："品质怒江"助力农产品走出大山走向国际

（一）客户简介

怒江傈僳族自治州（以下简称怒江州）是中国唯一的傈僳族自治州，其中独龙族和怒族是怒江州所特有的少数民族。怒江州拥有"三江并流"世界自然遗产、高黎贡山国家级自然保护区，享有"自然地貌博物馆、生物物种基因库、民族文化大观园"等美誉。泸水市是怒江州下辖的一个县级市，同时也是怒江州的首府，位于怒江州的南部，是怒江州的政治、经济、文化中心。泸水市市场监督管理局，是泸水市人民政府的工作部门。泸水市于2020年启动"品质怒江"区域品牌培育工作，并于同年获得怒江州人民政府批复，同意由泸水市先行先试。2020年8月13日，泸水市"三品一标"认证及品牌创建工作领导小组办公室正式发布"品质怒江"品牌创建体系文件。

（二）客户需求

怒江州泸水市市政府为了大力促进怒江州区域内优质、天然的高山峡谷特色农产品走出大山、走向全国，使怒江本土的优质特色农产品实现产业化、规范化和标准化，经泸水市人民政府向怒江州人民政府请示决定，由泸水市市场监督管理局为主导成立工作小组，携同泸水市农业农村局、泸水市产业与发展办公室和相关部门，以泸水市为试点开展泸水市产品品牌打造项目。客户主要需求包括打造区域公共品牌、建设绿色产业基地，以及提升品牌形象和市场竞争力。

（1）打造区域公共品牌，围绕建立"标准体系、认证体系、市场主体培育体系、打造品牌形象、营销推介、品牌保护"六大体系，从而实现全方位立体打造具有国际竞争力的"品质怒江"区域公共品牌。

（2）建设绿色产业基地，推动泸水市农、林、食产品的认证和品牌提升、质量大数据、供应链质量管理。

（3）持续致力于提升怒江特色产品和优势产业的品牌形象与市场竞争力，为巩固脱贫成果，全面振兴乡村奠定基础。

（三）CQM 方圆一体化实施方案

1. 方案设计

聚焦怒江州区域产品，充分挖掘区域特色，以标准、绿色的品质农业为根，以怒江自然生态资源及民族文化作魂，以认证塑魄，由借势怒江资源到赋能怒江品质，将"品质怒江"产品打造为特而精的区域公共品牌。

首先，CQM 方圆专家组与当地职能部门共同调研并探讨了解怒江产业构成及发展规划，进一步明确"品质怒江"的产品分类和构成，并确认"品质怒江"区域品牌认证的产品范围目录和技术实施标准规范，为构建标准和认证体系提供基础和依据。

其次，通过"标准＋认证＋溯源"手段，结合数字化时代要求和产品特点，通过营销方案实施，将高品质可感知地传达给消费者，借助CQM方圆强有力的全链路产业整合能力，进行专业化品牌运营活动，形成强有力的区域品牌联动效应，完成品牌价值转化。

2. 具体措施

（1）构建严格的标准和认证体系，确保产品质量可靠。同时，建立先进的追溯平台，实现产品信息的全程追踪，让消费者享受透明化的购物体验。注册商标，并成立专业管理委员会，负责品牌的全面保护和管理，并致力于维护品牌声誉，确保品牌价值持续增长，通过精细化的管理和策略性的推广，使品牌在市场上保持领先地位。

按照"一体化设计、标准化实施、第三方认证、市场化运作"的思路，建立执行自上而下的五级组成的标准化文件体系（见图5-48），完善标准引领体系、质量认证体系、产品溯源体系和质量监管体系，形成企业按标准运行、认证机构实施认证、政府监管部门实施监管，同时接受社会监督的完整、合格的评定体系。

标准化文件体系	
第一级	顶层管理制度
第二级	通用评价标准
第三级	通用技术/服务标准
第四级	特色产品/服务标准
第五级	认证实施管理文件

图 5-48　标准化文件体系

（2）举办"品质怒江"发布仪式，并通过各类传播方式传播品牌，全方位、多角度地传播品牌理念和价值，让更多的人了解并认可"品质怒江"。同时利用CQM方圆的品牌影响力，为"品质怒江"提供更广阔的宣传平台，提高品牌的知名度，助力其在市场竞争中脱颖而出。

（3）为了实现产业链的协同发展，通过推动资源对接与交互，为上下游企业搭建了一座紧密合作的桥梁。以"CQM方圆"品牌作为媒介，凭借其在业界所积累的广泛信任和认可，促进了产业链上下游企业之间的深入交流与合作。

（四）项目实施给客户带来的价值

一是通过"品质怒江"特色标准认证体系的打造，当地优质农副产品摆脱无品牌、无市场、无销路的"三无"产品，同时将产品的优质特色指标予以体现，增加当地产品附加值，从而实现走出大山的目的。

二是通过"标准＋认证＋溯源"的手段，"品质怒江"区域品牌成功将怒江州的特产优质草果推向了欧洲市场，提高了怒江州草果的知名度和综合效益，带动了农民增收，促进了区域产业发展。

三是通过"品质怒江"区域公共品牌的构建，怒江的产品从品质上得到了更有效的保障，实现了农产品从优地优品到优质优价的提升转变，获证产品已成为促进当地优势产业提质增效、助力乡村振兴、助推经济高质量发展的新动能。

四是"品质怒江"区域公共品牌的构建也在一定程度上提升了"云南怒江"城市价值和地域知名度，对文化旅游产业起到了极大的促进作用，有效带动了当地经济社会的高质量发展。

（五）客户反馈评价

"品质怒江"区域品牌的成功打造及发布是泸水经济社会发展历程中的一件大事、喜事，泸水市将以"品质怒江"区域公共品牌为契机，进一步增强工作主动性，在对标先进、严格标准、抢抓机遇、创新驱动上持续发力，以更高标准、更严要求的怒江"品质"来满足社会各界朋友对更高品质生活的向往和追求。

案例四："优质柯坪"认证打造乡村振兴区域品牌

（一）客户简介

柯坪县得天独厚的气候条件、与众不同的农业资源、恪守传统的生产

"标准·认证+"理论与实践

方式和诚实笃行的民族风气，造就了其农食产品的浓郁文化特色和独特品质特性。为了发挥区域特色优势资源、打造特色产业集群、提高区域产业核心竞争力，"优质柯坪"区域品牌于 2021 年 10 月 11 日正式启动。

（二）客户需求

党的二十大报告指出，加快建设农业强国，扎实推动乡村产业、人才、文化、生态、组织振兴。产业振兴是乡村振兴的第一要务，随着我国农业农村经济进入高质量发展的新阶段，推动农业供给侧改革不仅需要过硬的农产品质量，更需要加紧培育响亮的农业品牌。

"优质柯坪"是柯坪县委、县政府为打造柯坪县品牌而提出的一个创新概念，通过"优质柯坪"这个品牌，展示柯坪县自然、人文、旅游等方面的独特魅力，以"标准+认证"的形式，将优质生态资源转化为助力产业发展的经济优势，促进优势产业高质量发展，探索出一条实现农民增收和乡村振兴的有效路径。

（三）CQM 方圆一体化实施方案

CQM 方圆以打造区域品牌整体形象和综合竞争力为出发点，运用"标准+认证+溯源"手段，用标准来降低质量风险，用溯源来衔接准出准入，用认证来解决品牌信任问题，促进区域品牌价值实现，提升区域品牌竞争力。"标准+认证"型区域品牌建设如图 5-49 所示。

"标准+认证"型区域品牌建设

方案	标准	认证	溯源
一个体现先进管理理念的"标准+认证"型区域品牌建设方案	一套体现当地特色并突出产品优质品质的标准化文件体系	一种有效维护认证公信力并提升区域品牌价值的认证制度	一个实现"一品一码"品牌标识全程质量可控的追溯平台

图 5-49 "标准+认证"型区域品牌建设

1. 制定标准

（1）顶层文件。编制《"优质柯坪"区域公用品牌管理办法》《"优质柯坪"区域公用品牌标识管理办法》《"优质柯坪"区域公用品牌产品目录》三个顶层文件，顶层文件公示如图5-50所示。

图 5-50　顶层文件公示

（2）系列团体标准。编制《"优质柯坪"区域公用品牌建设和管理要求 农食产品》（T/KPCIA 0001-2022）、《"优质柯坪"加工食品技术管理规范》（T/KPCIA 0002-2022）、《"优质柯坪"产品技术规范 柯坪羊》（T/KPCIA 0003-2022）、《"优质柯坪"产品技术规范 柯坪骆驼》（T/KPCIA 0004-2022）、《"优质柯坪"产品技术规范 柯坪小麦》（T/KPCIA 0005-2022）、《"优质柯坪"产品技术规范 柯坪恰玛古》（T/KPCIA 0006-2022）、《"优质柯坪"产品技术规范 柯坪黄杏》（T/KPCIA 0007-2022）7个团体标准（见图5-51）。

（3）认证制度文件。为推动区域品牌标准化建设，让标准落地，编制《"优质柯坪"农食产品认证项目管理规则》（CQM/NS-RZ-YZKP-ZY-01）、《"优质柯坪"农食产品认证现场检查指南》（CQM/NS-RZ-YZKP-ZY-02）、《"优质柯坪"产品认证实施规则 农食产品》（CQM/NS-RZ-YZKP-ZY-03）3个认证制度文件，于2022年9月28日向国家认证认可监督管理委员会进行《"优质柯坪"产品认证实施规则 农食产品》的备案（见图5-52）。

193

"标准·认证+"理论与实践

同时，在CQM方圆标志的产品认证系统"联盟认证/区域品牌认证"模块里增加了"优质柯坪"。申请流程：联盟认证/区域品牌认证—优质柯坪—养殖类/种植类/加工类。

图5-51 团体标准公告

图5-52 《"优质柯坪"产品认证实施规则 农食产品》PV01和PV03领域备案

2. 开展认证

CQM方圆依据"优质柯坪"相关认证标准开展认证工作，对新疆新驼乳业有限公司、新疆驼源生物科技有限公司、新疆柯坪喜羊羊农牧科技有限公司、新疆艾力努尔农业科技开发有限公司等的产品进行严格检测及评估审核，并发放了"优质柯坪"认证证书。

3. 追溯系统建设

打造"优质柯坪"产品溯源体系，构建"优质柯坪"公共区域品牌追溯系统。"优质柯坪"公共区域品牌追溯系统（见图5-53）是基于区域公用品牌管理体系建立的产品溯源信息化系统，实现了对优质农产品的过程质量监管与追溯。追溯系统平台主要包含两大部分："优质柯坪"溯源标志管理系统、认证标志大数据中心。

图 5-53 "优质柯坪"公共区域品牌追溯系统

(四)项目实施给客户带来的价值

"优质柯坪"项目的实施,将柯坪产品与国际、国内其他品牌产品进行全方位指标分析,同时融入有机产品、良好农业规范等先进管理方式和绿色、低碳、可持续发展等先进管理理念,定位优于其他竞争产品的核心价值。对申请使用"优质柯坪"品牌的企业或组织实施公正性、专业性的标准符合性认证、产品检测,实现消费者在"优质柯坪"追溯验证,确保品牌价值并向终端消费者传递信任,助力"优质柯坪"与流通渠道建立可信任的合作关系。通过打造"优质柯坪"区域公用品牌,已逐步形成以柯坪小麦、柯坪黄杏、柯坪恰玛古、柯坪羊、柯坪骆驼等为代表的特色农产品IP,羊肉、黄杏、恰玛古、艾力努尔小麦粉销售量均有所增长,艾力努尔小麦粉获得"盒马鲜生"零售商超认可,在"盒马鲜生"零售商超建立了销售平台。2023年6月24日,首家"优质柯坪"旗舰店在阿克苏市正式启动运营。该项目的实施,实现了品牌价值的最大化,提升了柯坪县农产品的附加值,带动县域经济高质量发展,增加了农民收入,有效助力乡村振兴。

(五)客户反馈评价

CQM方圆结合自身的服务案例和经验,对项目初期的研发和项目具体内容的制定均提出建设性建议。CQM方圆充分发挥标准化及认证认可的业务优势,推动品种培优、品质提升、品牌打造和标准化生产,打造"优质柯坪"区域品牌,扩大柯坪特色品牌影响力和市场占有率。柯坪县委、县政府对本项目专家团队的专业性和工作方式充分信任,对专家团队服务态度和工作效率充分肯定,对CQM方圆给予高度的赞扬和认可。

案例五:民宿服务认证引领乡村民宿高质量发展

(一)客户简介

与酒店的个性化住宿产品不同,乡村民宿将自然景观、特色餐饮、休闲娱乐等综合起来，注重创意设计，凸显地域文化特色，是乡村旅游的有机组成部分，成为促进乡村旅游发展的重要基础配套。乡村民宿丰富了乡村旅游产业形态。

发展乡村民宿业，能够有效增加农民的收入来源。在工资性收入、耕种收入的基础上，合理利用土地和房产资源，增加经营性收入。同时，在发展现代农业的同时，实现农业与服务业的有效融合。乡村治理需要以乡村民宿为重要抓手，创新乡村治理方式，健全"政府—社会—农民"上下联动和城乡协同的乡村治理现代化体制。乡村民宿是带动乡村经济增长的重要动力，是助力全面推进乡村振兴的重要抓手。

（二）客户需求

乡村民宿作为乡村旅游的重要业态，受到越来越多的旅游者的青睐，逐渐成为带动乡村经济增长的重要动力和实现乡村振兴的重要引擎。但是，在快速发展的同时，由于大众旅游消费需求从低层次向高品质和多样化转变，乡村民宿在安全管理、采购管理、服务要求等方面亟须规范和提升。

（1）在安全管理方面，部分民宿存在消防设施不完善、违规使用易燃材料等安全隐患，需要其完善安全管理措施，为游客提供安全的住宿环境。

（2）部分民宿地处偏远，民宿经营者面临着购物不便的困境，需要优化采购管理，建立更完善的采购机制。

（3）部分民宿的服务人员缺乏专业培训，服务意识淡薄，需要加强服务人员的标准化和规范化管理，提高服务质量和水平。

（三）CQM 方圆一体化实施方案

1. 方案设计

针对乡村民宿亟须向高品质和多样化转变的问题，CQM 方圆以"标准·认证+"理论为指导，系统融合"六化三步"模式，积极参与了《民宿服务认证实施规则》的整个编制过程并组织开展了标准的试认证工作。

首先，调研团队通过走访调查等方式，明确目前我国乡村民宿经营管理、服务质量、设施配备等方面存在的主要问题，以及民宿业者和游客的迫切需求。其次，针对调研中发现的民宿问题，团队积极寻求解决方案，制定和完善民宿服务认证标准。最后，积极协助民宿进行认证申请，帮助民宿提升服务质量和管理水平，增强市场竞争力。

同时，为促进民宿长远发展，明确民宿品牌的定位，确保品牌在市场上具有独特的竞争力，整合乡村资源，发展以民宿为核心的乡村旅游产业链。

2. 具体措施

由 CQM 方圆牵头筹建了"民宿服务认证国际联盟"，积极参与标准编制并开展标准的认证工作，结合标准编制了《民宿服务认证实施规则》。该规则包含了认证人员能力管理、认证申请与评审、民宿服务认证模式运用、认证范围界定、认证评价策划、认证评价过程、认证决定和认证标识等方面的内容，注重实操，讲究创新。对认证标准进行了展开和细化，用于规范联盟成员机构的具体认证实施活动。

依据《乡村民宿服务认证要求》开展民宿服务认证，对乡村民宿的服务进行客观全面测评，对乡村民宿的内部管理进行系统审核，继而发现乡村民宿存在的不足，通过促进其有效整改来提升乡村民宿的服务水准和管理能力，提高客户满意程度，降低客户投诉风险，并为乡村民宿行业提档升级提供客观、独立、真实的第三方评价依据。

《民宿服务认证实施规则》提出了"雷达图"的概念对测评结果进行直观表达，识别出信息、预定、接待、客房、餐饮、出行、特色、离店 8 项关键服务的分值，旨在为消费者提供清晰可视的服务信息，缓解民宿主人与顾客感受及利益相关的信息不对称问题；帮助民宿主人建立并提升服务提供者的良好信誉和品牌形象；增强民宿服务的易用性和社会对民宿服务业的信任度；在区域、国家和国际层面上促进民宿服务经济、市场准入、公平竞争和顾客接受程度。

（四）项目实施给客户带来的价值

通过该项目的实施，展现了"标准·认证+"理论和"六化三步"模式的强大动力，推动认证民宿传递信任，助力消费者识别优质民宿，为乡村振兴提速增效做出重要贡献。

帮助民宿建立起一套完善的针对供应商选择和评价的方法，能够以合理的价格采购优质、满意的产品。从制度、教育、培训、技能和经验等方面梳理了服务流程，明确了各类人员的能力要求，让员工对自身工作职能和职责有了清晰的认知，以保证民宿各环节工作的顺利运作。

民宿认证工作帮助民宿主人更好地获取和理解顾客的需求，确定顾客需求，通过认证过程中的有效梳理来满足顾客需求甚至超越顾客需求，并通过顾客满意度的测量来感知顾客的满意程度，不断提高民宿以顾客为中心的理念。

通过认证规则的制定，民宿实体对于服务过程中可能产生错误的环节进行提前预防，通过流程和规范，避免错误和损失的发生，通过持续改进提高顾客满意程度，从而促进民宿的持续进步。通过在线旅游（OTA）平台的宣传和口碑，为民宿带来新的客户流。民宿服务认证国际联盟已与携程、美团和飞猪三大OTA平台签署合作协议，获证民宿有望被平台推优，直接为民宿引流，提升认证价值。

（五）客户反馈评价

"标准·认证+"作为推动《乡村民宿服务认证要求》有效实施的手段，有助于提升乡村民宿行业服务质量水平，完善服务市场监管治理体系，促进行业规范发展，增强乡村民宿服务业国际竞争力，为推进乡村振兴、助力共同富裕提供可复制、可推广的经验。

"标准·认证+"为全国乡村民宿的认证实施树立了市场标杆，提高了乡村民宿的核心竞争力，营造了公平竞争、结果可信、发展有序的乡村民宿认证环境，是乡村民宿行业在服务认证领域迈出的具有里程碑意义的一步。

通过综合运用服务认证手段助推乡村民宿高质量发展的培育模式，正逐步从"两山"理论的发源地走向全国，为统筹推进乡村旅游提质升级做出了重要贡献。

第四节　服务"双碳"目标实现

案例一："双碳"服务助力三丰控股实现"五绿"发展目标

（一）客户简介

山东三丰控股集团有限公司（以下简称山东三丰控股集团）是国家级高新技术企业，是集抗氧剂科研、生产、销售、服务于一体的高新技术企业，综合实力连续多年稳居同行业前列。山东三丰控股集团拥有三个生产基地，产品覆盖烷基酚、受阻酚类抗氧剂、亚磷酸酯类抗氧剂及复合助剂产品。企业"塑康牌"商标被认定为中国驰名商标；企业注重抗氧剂新产品、新技术研究开发与应用，是中国专利技术山东明星企业；抗氧剂1010和215产品被评为国家重点新产品；抗氧剂626和1135项目被列入国家火炬计划项目，烷基酚项目被列入国家科技型中小企业技术创新基金项目。

（二）客户需求

近年来，山东三丰控股集团结合抗氧剂系列产品新项目建设与绿色可持续发展需求，在原有管理体系认证与节能服务的基础上，开展了一系列标准化与认证技术的项目工作，主要包括以下10项：绿色标准体系建设规划编制、绿色工艺技术和装备标准研究、绿色设计产品评价、产品碳足迹核证、企业碳排放核查、绿色工厂创建、能源管理体系认证、质量管理体系认证、环境管理体系认证、职业健康安全管理体系认证。对于客户在项目建设、业务范围、绿色发展方面的发展战略，通过分析可得出以下具体需求。

（1）标准化建设赋能绿色发展。为实现"五绿"发展目标，需要以绿色标准体系作引领，从绿色工艺技术、装备标准研制、绿色设计产品评价等方面开展一体化方案设计，夯实企业绿色发展基础。

（2）认证助力品牌成长，实现价值飞跃。为创建多级绿色工厂，需要通过标准应用和绿色管理培训，指导企业改进工艺技术，提升管理水平，以碳足迹核证、管理体系认证等手段传递高品质产品信息，获得消费者信任，树立良好的品牌形象，实现企业价值的飞跃。

（三）CQM 方圆一体化实施方案

1. 方案设计

面向山东三丰控股集团实现"五绿"发展目标需求，CQM 方圆基于"标准·认证+"理论，系统融合"六化三步"模式，从绿色标准研制到产品绿色设计，从管理体系认证到企业绿色低碳发展，为山东三丰控股集团提供了一揽子解决方案。

CQM 方圆助力山东三丰控股集团以抗氧剂绿色发展为核心，以绿色标准体系建设为保障，实施覆盖全产业链绿色化标准研制与应用；以创建绿色工厂为重点，以综合认证技术服务为必要手段，引导企业建立内循环绿色低碳发展模式，助力实现绿色标准研发、绿色产品设计、绿色工艺突破、绿色装备集成、绿色工厂创建的"五绿"发展目标，有效提升企业绿色发展绩效和品牌强感知。

2. 具体措施

（1）围绕产业链顶层构建绿色技术标准发展规划。CQM 方圆结合山东三丰控股集团绿色高质量发展需求，围绕供应链、生产制造、资源能源消耗、环境管理、包装、产品应用等各环节，顶层设计了企业《绿色技术标准体系规划》。上述《绿色技术标准体系规划》的制定发布实施，有利于系统引导企业识别和改进工艺技术与装备，提高绿色管理水平，进一步提升企业绿色可持续发展的竞争力。

（2）围绕工艺装备的构建夯实绿色高质量标准基础。围绕山东三丰控股集团抗氧剂产品生产助剂循环利用、工艺技术绿色化提升、重点设备绿色诊断与改造等工作，CQM 方圆与企业联合编制了绿色工艺技术管理标准 3 项，绿色装备规范化应用标准 3 项，循环化利用和废气处置标准 2 项。其中，《抗氧化剂绿色设计评价规范》企业标准的编制，能够指导企业在产品设计环节开展全生命周期资源环境影响评估，科学、合理地利用评价结果优化产品设计和制造方案，提升产品环境绩效。

（3）"标准·认证+"赋能企业获得多级绿色工厂认证，助力品牌发展。CQM 方圆基于"标准·认证+"理论，通过标准应用和绿色管理培训等能力建设，利用合格评定技术手段先后为山东三丰控股集团开展了绿色标准体系建设规划编制、标准研究、绿色设计产品评价、产品碳足迹核证、管理体系认证等 10 项综合技术服务。在 CQM 方圆"标准·认证+"理论的指导下，相关管理体系认证、碳足迹核证、企业碳排放核查等作为绿色工厂评审的加分项，先后助力山东三丰控股集团相关子公司获得了"临沂市级绿色工厂""山东省级绿色工厂""国家级绿色工厂"等荣誉称号，提升了品牌价值，在消费者心中树立了高品质产品的品牌认知。

（四）项目实施给客户带来的价值

在 CQM 方圆"标准·认证+"理论指导下，山东三丰控股集团进一步加快推进并实现了绿色标准研发、绿色产品设计、绿色工艺突破、绿色装备集成和绿色工厂创建的"五绿"发展目标，加快了企业的绿色高质量和可持续发展步伐。有效提升了抗氧剂产品生产的制造技术绿色化率、制造过程绿色化率，有效降低了绿色制造资源环境影响度。山东三丰控股集团的供热系统原来每年需使用大量蒸汽，在 CQM 方圆绿色低碳服务方案指导下，山东三丰控股集团设计实施了节能降碳技术改进，节约了新鲜水的用量，能源资源利用效率有了较大的提升。

此外，CQM 方圆还通过与节能服务机构进行资源整合，指导山东三丰控股集团在导热油炉烟气排放管路中增设一台能够产生水蒸气的蒸汽发生器，利用烟气余热产生蒸汽，再并入蒸汽管网供应给抗氧剂生产车间使用。改造完成后，每年又减少了大量蒸汽消耗。

（五）客户反馈评价

CQM方圆基于"标准·认证+"理论进行服务方案设计，能够高质量满足客户绿色可持续发展的综合服务需求。山东三丰控股集团有限公司副总经理袁晓刚在北京电视台采访时介绍："山东三丰控股集团作为综合实力位居行业前列的抗氧剂产品研发和生产企业，与CQM方圆在认证、标准化和绿色低碳领域已经合作多年。在CQM方圆的策划指导下，我们推进并实现了'五绿'发展目标，为我们打造异丁烯、烷基酚、抗氧剂等化工产品绿色生产基地，提供了比较大的帮助。"

案例二："标准·认证+"助力恒安纸业绿色低碳一体化服务

（一）客户简介

恒安国际集团有限公司（以下简称恒安集团）创立于1985年，是目前国内最大的生活用纸和妇幼卫生用品制造商，于1998年12月8日在香港联交所上市。2011年6月7日，恒安国际被纳入香港恒生指数成分股，恒安集团大楼如图5-54所示。恒安集团旗下拥有安尔乐、心相印、七度空间、安儿乐四枚中国驰名商标，卫生巾、纸尿裤、生活用纸三大主导产品在国内市场占有率名列前茅。

图5-54 恒安集团大楼

恒安集团坚持"诚信、拼搏、创新、奉献"的精神，以"追求健康，你我一起成长"为使命，通过持续的创新与优质产品服务，致力于成为国际顶级的家庭生活用品企业。恒安集团实现企业发展的同时，注重承担社会责任，仅上市以来，企业累计纳税超 350 亿元。企业发展 30 多年来，恒安集团及其主要股东累计捐款超 20 亿元。

（二）客户需求

恒安集团在国内设有五大造纸基地，造纸基地消耗电力、天然气、蒸汽等能源。随着国家"3060 双碳"目标的发布，恒安集团紧跟国家政策节奏，为了实现"双碳"目标和公司的可持续发展，企业在绿色低碳方面需要改善以下问题。

（1）在资源循环利用方面，造纸消耗大量的纸浆、高分子材料和水资源等，资源消耗量大。

（2）在环境保护方面，需要减少废气、废水和固体废物等污染物的产生与排放。

（3）在节能减排方面，化石燃料的消耗造成大量温室气体排放，需要采用高效节能技术和设备，优化生产流程。

为了快速提高公司绿色化水平和品牌竞争力，恒安集团深入探讨如何实现资源的高效利用和循环利用，减少浪费，降低对自然资源的依赖；降低能源消耗和减少温室气体排放，实现节能、减排及企业可持续发展。

（三）CQM 方圆一体化实施方案

1. 方案设计

CQM 方圆工作组以"标准·认证+"理论和"六化三步"模式为指导，为恒安集团实现绿色可持续发展提供节能、绿色、低碳一揽子解决方案，是创新的典范，也是"标准·认证+"理论和"六化三步"模式的重要实践，获得了恒安集团的认可和信任。

首先，CQM 方圆在充分识别恒安集团需求的基础上，组建经验丰富的专业团队，从专用设备及产品等多维度深入现场调查，并开展专项能源评审、产品碳足迹评价和温室气体盘查。其次，针对恒安集团绿色低碳方面的问题，指导其积极参与"双碳"标准建设，促进企业内部绿色工厂、节能评估、绿色管理体系等方面的标准化管理，深度挖掘节能减排潜力，快速实施节能降碳改造方案。最后，对企业开展能源审计、全面能效分析，协助企业申报国家级能效"领跑者"。为造纸行业树立典范，入选工业和信息化部《2023年度重点行业能效"领跑者"企业典型经验与实践案例》。

同时，CQM方圆提出节能减碳、降本增效、数据管理、实现新型工业化和高质量发展的一系列持续改进建议，助力企业创建绿色工厂，提升企业品牌形象。

2. 具体措施

CQM方圆福建公司特派节能专家团队为恒安集团开展能源评审，建设能源管理体系，制定能源方针、近期和远期能源目标和指标，指导恒安在绿色工厂、节能评估、碳足迹、碳核查、能源审计、水效"领跑者"、能效"领跑者"等标准、企业内控标准（指标体系和管控措施规范）、质量、环境、职业健康安全、能源管理体系和绿色低碳等方面实现标准化管理，引导恒安集团积极参与"双碳"标准建设。CQM方圆福建公司作为第三方评价，不断促进节能低碳管理水平稳步提升，帮助其能源管理体系通过CQM方圆认证，恒安集团的能源管理体系得到了权威机构的认可，为企业未来的发展奠定了坚实的基础。

恒安集团重视数据信息化，通过能源评审，掌握各生产线能源消耗与产品产量及过程数据，建立基础数据库，企业属于福建省重点用能单位，能源消耗即成本支出，过程控制即经营之本，产品售出即利润营收，均离不开数据管理与数字分析。企业高度重视节能降耗，建立能源管理中心和能耗在线监测系统，时时监视管理能源消耗情况，恒安纸业能源管理中心如图5-55所示。CQM方圆团队对企业能耗在线监测系统进行专业分析评估，发现数据质量综合指数并不高，由此有针对性地提出解决方案，快速提升企业能耗在线监测系统数据质量，提高能耗数据的可靠性和准确度。

图 5-55　恒安纸业能源管理中心

CQM 方圆福建公司绿碳团队以其卓越的环保理念和专业实力，成功助力恒安集团的多地子公司及工厂在绿色低碳领域取得了显著的成就，获得了"国家级绿色工厂"等多项荣誉。继续深入挖掘绿色低碳领域的发展潜力，探索更多创新型的绿色技术和模式，推动整个产业的转型升级和可持续发展。2024 年 5 月，恒安集团孝感工厂也将碳核查、碳足迹、能源管理体系等系列绿色低碳服务委托 CQM 方圆实施，恒安绿色低碳项目产业化将持续升华。

CQM 方圆团队会同恒安（中国）纸业有限公司依据产品碳足迹量化和核算标准，应用国际较为认可的仿真软件及权威数据库，开展全生命周期产品碳足迹评价，并对外公布核算结果，向国内外相关方展示，表达降碳减碳的壮志决心，助力恒安生活用纸产品走向国际。在此基础上，恒安集团践行"追求健康，你我一起成长"的理念，在绿色低碳领域多次获得国际大奖，成为全球企业践行可持续发展的典范。

（四）项目实施给客户带来的价值

绿色低碳一体化服务项目包括绿色工厂评价、能效"领跑者"申报、碳足迹与碳核查、节水型企业评价及能源管理体系认证等多个方面，全面提升了恒安集团在绿色低碳领域的管理水平和综合竞争力。该项目的实施让恒安集团受益匪浅，更是成功诠释了"标准·认证+"理论和"六化三步"模式在实践中的良好运用，为客户带来了良好的经济效益、环境效益和社会效益。

通过CQM方圆团队的客观评价，出具了各类产品评价报告及管理体系认证证书，对企业摸清温室气体排放、降低生产过程能源资源消耗、提高企业绿色化水平提供数据支撑。同时，CQM方圆福建公司在项目实施的全过程中，向社会传播节能绿色低碳理念，充分展示了CQM方圆福建公司的绿色制造业绩并分享了成功的实践经验，让客户获得线上线下全方位的体验。

在CQM方圆福建公司的帮助下，企业开展产品碳足迹评价，为产品降碳指明方向，快速实施节能降碳改造方案，其2022年生活用纸（木浆）原纸单位产品综合能耗和生活用纸单位产品综合能耗均达到了国内领先水平。工作过程中使用电力、天然气和集中供热蒸汽等清洁能源，建设大量屋顶分布式光伏发电项目，大大降低了外购电网电量，提高可再生能源使用比例，为实现碳中和奠定基础。恒安集团屋顶分布式光伏发电项目如图5-56所示。

图 5-56　恒安集团屋顶分布式光伏发电项目

（五）客户反馈评价

恒安集团对CQM方圆表示高度赞赏和满意，对绿色工厂、碳足迹评价组专家团队的专业性和工作方式充分信任，对专家团队评价服务态度和工作效率给予充分肯定，经过本次绿色低碳一体化服务，双方合作关系更加紧密。

在绿色工厂评价、能效"领跑者"申报过程中，CQM方圆专业团队贡献了方圆智慧，提供了全方位的规划指导，极大提升了恒安集团节能减排领域的竞争力。另外，CQM方圆团队在碳足迹和碳核查工作中展现出了极高的专业性和严谨性，为企业提供了准确的数据支持，帮助企业更好地理解和应对"双碳"目标。

CQM方圆团队视恒安集团的信任为一种责任，将基于此，从恒安实际出发，识别更多潜在需求，为其思考更多延伸解决方案，继续应用"标准·认证+"理论和"六化三步"模式，创新发展，引领需求。

案例三：东台黄海海滨国家森林公园获全国首张"零碳旅游景区"认证证书

（一）客户简介

东台黄海海滨国家森林公园位于江苏省东部沿海城市东台市，前身是始建于1965年的东台市林场。公园地处北亚热带湿润区域，气候温和湿润，光照充足，水资源充沛，四季分明，适宜多种植被生长，包括针叶林、常绿阔叶林、落叶阔叶林、常绿落叶阔叶混交林、灌丛、灌草丛、竹林、沼泽植被、盐生植被、水生植被10种类型。公园总面积4.2万亩，其中林地3.6万亩，森林覆盖率高达66.66%，森林面积达2770.93公顷，是华东地区最大的人造生态林园。公园及其周边区域森林资源丰富，景色独特，交通便利，且拥有"滩涂、植被、土壤"三者演替的独特景观。

（二）客户需求

基于国家"双碳"目标和自身发展规划，东台黄海海滨国家森林公园期望通过零碳旅游景区认证，为景区在降低旅游设施建设、运营、维护过程中的碳排放水平提供权威证明。此外，认证活动还助力景区明确减碳目标，提升可持续发展能力，在申报国家级旅游度假区的过程中，零碳景区认证也将成为景区的一大亮点。

（1）品牌升级与市场竞争力需求。随着旅游市场日趋成熟，游客对旅游体验的要求也在不断提高。通过零碳旅游景区认证，东台黄海海滨国家森林公园不仅可以彰显其在绿色旅游方面的优势，还能吸引追求高品质旅游体验的游客群体，从而提升市场竞争力。

（2）基础设施绿色化与运营管理需求。为了实现零碳目标，东台黄海海滨国家森林公园迫切需要对现有的旅游配套设施进行绿色化改造。

（3）申报国家级旅游度假区的资质需求。申报国家级旅游度假区是东台黄海海滨国家森林公园的一项重要战略目标。而零碳旅游景区认证将成为公园申报过程中的重要加分项，它体现着国家级旅游度假区的高标准要求。通过零碳旅游景区认证，能提升其在国家级旅游度假区评审中的竞争力，从而为景区的可持续发展奠定坚实的基础。

（三）CQM方圆一体化实施方案

1. 方案设计

基于东台黄海海滨国家森林公园零碳景区的建设需求，CQM方圆遵循"标准·认证+"理论，系统融合"六化三步"模式，针对景区存在的问题，进行一体化方案设计，探索零碳景区建设工作路径。首先，通过调研和走访，深入了解景区当前面临的关键问题和需求。其次，围绕景区的零碳目标，助力景区导入零碳管理制度，通过零碳管理制度宣贯、培训及赋能指导、质量管理体系审核等工作，提升景区的绿色管理水平。最后，依据零碳景区评价技术标准对景区进行评价分级，督导景区保持和不断提升绿色管理水平。

同时，零碳旅游景区认证基于"标准·认证+"理论和"六化三步"模式，紧贴旅游产业的需求，与产业发展高度融合，面向景区，通过标准与认证的协同，选择高端定位的起点，以服务认证为手段，打造了高端品质的认证品牌，通过认证让游客感知自然，传递信任。

2. 具体措施

（1）标准化引领。通过技术规范的标准化活动将景区打造成质量共同体，既充分反映了景区的高质量要求，又体现了CQM方圆的高质量服务，双方建立可信连接。同时，通过制定有针对性的零碳管理体系审核评价标准，确保景区建设和运营符合零碳要求，促进绿色管理水平的持续提升。

（2）认证赋能。通过创新认证制度，实现突出景区特色的技术规范转化；通过技术规范的标准化逐步实现零碳业务的产业化，助力研发成果的推广应用；通过技术规范的不断完善，为创新认证提供需求，推动零碳业务不断向新的高度攀升。导入零碳景区认证要求，对景区的零碳管理体系实施情况进行客观评价，颁发《零碳景区评价证书》，为景区的绿色低碳发展提供权威背书。

（3）品牌建设。结合CQM方圆的品牌影响力，通过标准与认证的协同，选择高端定位的起点，以服务认证为手段，打造高端品质的认证品牌，进一步提升东台黄海海滨国家森林公园的品牌知名度，强化其零碳景区的品牌感知，将绿色生态景区理念根植于游客印象之中。

（4）数字化转型。运用数字化技术，建设景区管理平台，实现零碳数据的实时监控与分析，提高景区的快速反应能力和绿色管理水平。通过数字化技术与标准和认证相结合，为零碳景区建设方案提供客观依据，实现精准高效降碳。

（5）绿色化发展。优化管理制度与流程，提升景区的生态环境保护能力，推动零碳业务的持续优化，以绿色需求为导向，以技术规范为依据，将景区打造成兼具高品质和生态美的"零碳"旅游胜地，成为"双碳"目标建设的优秀成功案例。

(四)项目实施给客户带来的价值

CQM方圆江苏公司依据"零碳管理+减碳技术+运营绩效"的理念,引导景区大力实施低碳战略,景区全生命周期碳排放量大幅下降,达到"负"碳发展目标,实现了核算边界内全域碳排放净零目标,帮助公园获得零碳旅游景区认证证书(见图5-57),助力景区旅游业绿色低碳发展。东台黄海海滨国家森林公园的成功案例,生动诠释了在"标准·认证+"理论的指引下,如何通过一体化实施方案,实现景区绿色低碳发展的目标。这一实践不仅提升了景区的绿色管理水平,增强了其品牌影响力,更对推动旅游业的可持续发展起到了示范作用,为其他景区提供了宝贵的经验和启示。

图 5-57　零碳旅游景区认证证书

（五）客户反馈评价

零碳旅游景区认证是 CQM 方圆以"六化三步"模式促进产业组织应对气候变化和走向零碳可持续发展之路的一次创新尝试，获得了景区和东台市委、市政府的认同。零碳旅游景区认证进一步提高了景区的品牌形象，获得了社会的关注，使社会能够感知景区的零碳理念，使游客对景区产生信任感。东台市委书记为企业授予了由 CQM 方圆颁发的全国首张"零碳旅游景区"认证证书，帮助景区高效实现了零碳的价值转化。

案例四："标准·认证+"打造五指山毛纳村零碳乡村

（一）客户简介

毛纳村是海南省五指山市水满乡西南部的一个黎族聚居村落，地处国家生态红线附近，全村确权林地 6160.92 亩、耕地 650.55 亩（水旱田）、茶叶种植地 1772.7 亩。目前，毛纳村共有 6 个村民小组 166 户。这里山地多，耕地少；雨林密，污染少；生态环境优越，利用林地资源发展本地大叶种茶是村民多年来的首要选择，也是村民的主要经济收入来源。

2022 年 4 月 11 日，习近平总书记在海南省五指山市水满乡毛纳村考察时指出，乡村振兴要在产业生态化和生态产业化上下功夫，继续做强做大有机农产品生产、乡村旅游、休闲农业等产业，搞好非物质文化遗产传承，推动巩固拓展脱贫攻坚成果同乡村全面振兴有效衔接。省委、省政府提出将毛纳村打造成向世界展示我国生态文明建设和乡村振兴成果的窗口，成为习近平新时代中国特色社会主义思想的生动实践地。

（二）客户需求

毛纳村凭借其得天独厚的地理位置与卓越的生态环境，以民族文化赋能产业发展。通过深入挖掘与利用当地丰富的生态资源，逐步发展出以茶业和旅游业等产业来带动经济发展，实现了民族文化与产业生态的深度融合。在这一过程中，产业生态化与生态产业化的双向并进，对农产品加工能力及旅游配套设施建设提出了更为严苛的标准与要求。

为确保生态资源的可持续利用与保护，毛纳村需考虑如何在维护生态环境平衡的前提下，科学合理地利用和保护自然资源，提升产业可持续发展能力，提高产品品质。在这一背景下，海南省市场监督管理局积极响应国家生态文明建设的号召，深入践行绿水青山就是金山银山的理念，积极稳妥推进"碳达峰、碳中和"工作，于2022年11月正式启动了"标准化＋生态文明乡村"毛纳样板项目。该项目旨在通过引入"标准化＋认证"的先进管理手段，为毛纳村量身打造一套科学的发展路径，助力其向"零碳乡村"的宏伟目标稳步迈进，实现经济效益与生态效益的双赢。

（三）CQM方圆一体化实施方案

CQM方圆作为毛纳村"零碳乡村"创建工作的第三方技术服务机构，充分发挥认证检测机构的技术支撑作用，立足毛纳村美丽乡村建设、公共服务和乡村产业发展的实际需求，以"标准·认证＋"理论为指导，系统融合"六化三步"模式，进行一体化服务方案设计，探索打造了五指山毛纳村零碳乡村的创建与可持续发展路径。具体措施包括以下三个方面。

一是实地调研与需求诊断。CQM方圆海南公司技术人员进入海南省市场监督管理局启动的打造"标准化＋生态文明乡村"毛纳样板项目的标准化技术服务队。随项目团队深入毛纳村，通过走访、座谈、问卷调查等方式，全面了解村民、村企、小作坊及管理部门的需求和面临的难题。

二是科学设定碳减排目标及碳管理制度体系。根据调研结果，团队着手制定符合毛纳村实际情况的零碳目标及"零碳乡村"认证体系。具体内容如下。

（1）推广节能产品。倡导村民广泛使用节能燃气灶、LED节能灯等节能产品，形成低碳饮食、低碳出行、低碳居住等生活方式。

（2）提升公共设施能效。推动村内公共场所设施设备符合国家标准要求及节能降耗有关规定，采用绿色交通工具、一级能效电器和节水器具。

（3）推动发展循环经济。在田间地头推广采用"农业废弃物+种茶+养殖+酿酒"循环模式，减少废弃物排放，提高资源利用效率。

（4）加强碳汇管理。通过植树造林、保护林地等措施，增加碳汇量，抵消碳排放。

三是开展培训及认证评价。CQM方圆为提高毛纳村居民对低碳环保的认识和参与度，组织专门的"零碳乡村"培训活动，通过理论讲解、案例分析、实地考察和模拟操作等多种形式，确保参训人员能够深入理解并掌握相关知识技能，以便更有效地指导和评估乡村的零碳建设进展。在此基础上，CQM方圆按照《零碳（近零碳）乡村评价规范》（CQM/V-GF-ZCCO-002）标准要求，依据"零碳管理+减碳技术+运营绩效"认证评价体系，对毛纳村进行评估。围绕碳汇统计核算、可再生能源比重等43项指标，对毛纳村居民生活、经营等各方面所产生的温室气体的排放量和毛纳村林地树木的固碳量进行了多次测算。最终，核证毛纳村实现了净零碳排放目标，符合"零碳乡村"认证标准。

（四）项目实施给客户带来的价值

CQM方圆"零碳乡村"认证充分运用"标准·认证+"理论和"六化三步"模式，有效推动了毛纳村绿色转型和零碳乡村创建，实现了对乡村品牌和产业发展的正向激励，促进了乡村绿色生态价值转换，是"上有情怀、下接地气、政府倡导、百姓需求"的可持续发展项目；是落实"双碳"目标的重要措施之一，是美丽中国建设的重要组成部分，有利于推动乡村经济发展、提高农民收入。目前，毛纳村在农村人居环境与村庄文明建设上已实现了质的飞跃，可再生能源路灯占比100%，公共场所一级能效电器占比100%，村内低碳公共交通工具占比100%，村内温室气体总体持续保持净零排放。随着零碳乡村认证证书的获得，毛纳村正逐步成为海南省乃至全国乡村绿色发展的典范。零碳乡村认证证书如图5-58所示。

图 5-58　零碳乡村认证证书

（五）客户反馈评价

通过建立毛纳村零碳乡村项目，项目团队展现了出色的专业能力，赢得了海南省市场监督管理局、五指山市政府、五指山市场监督管理局及各行业主管部门、水满乡政府及毛纳村委会的高度认可与信赖，现已建立长期合作关系，以期为相关部门提供持续的技术支撑服务。

案例五：蒙牛北京工厂通过碳中和管理体系认证

（一）客户简介

蒙牛高科乳制品（北京）有限责任公司（以下简称蒙牛高科）是一家以从事食品制造业为主的企业，公司隶属于蒙牛集团。蒙牛集团专注于为中国和全球消费者提供营养、健康、美味的乳制品，目前形成了包括液态奶、冰激凌、奶粉、奶酪等品类在内的丰富产品矩阵；拥有特仑苏、纯甄、冠益乳、优益C、每日鲜语、蒂兰圣雪、瑞哺恩、贝拉米、妙可蓝多、爱氏晨曦等明星品牌。在高端纯牛奶、低温酸奶、高端鲜奶、奶酪等领域，市场份额处于领先地位。除中国内地外，蒙牛产品还进入了东南亚、大洋洲、北美洲等区域的10余个国家和地区的市场。

蒙牛集团积极应对全球气候变化，肩负引领中国乳业脱碳转型的重任，公司持续创新、推广节能降耗新技术、新方法，严格控制新厂试运营期间温室气体排放，降低产能碳排放影响。多年来持续开展碳盘查及全产业链降碳实践，努力实现联合国气候变化大会上《巴黎气候变化协定》设定的目标。

（二）客户需求

蒙牛集团制定了全产业链2050年碳中和的战略目标，并积极探索全范围内碳排放绝对值的测量及下降，影响带动全产业链协同低碳发展。为积极贯彻落实集团战略目标，蒙牛高科需要建设一套符合自身需要且可落地的碳中和管理体系，系统化地推进企业碳管理工作，通过科学规划公司自身的碳中和、碳绩效目标，落实减排行动，并通过检查与改进，不断提升公司碳中和管理绩效水平，助力集团实现"双碳"战略目标。

（三）CQM方圆一体化实施方案

1. 方案设计

面向蒙牛高科强化碳管理、推进集团"双碳"战略目标任务需求，以"标准·认证＋"理论为指导，系统融合"六化三步"模式，进行一体化方案设计，推动公司提升碳管理水平，持续改善碳绩效，助力实现"双碳"目标。

首先，通过调研、走访等方式，对蒙牛高科进行问诊把脉，深入了解蒙牛高科目前的碳管理现状，以及存在的不足和需求。其次，针对目前存在的不足，有针对性地制定方案，导入碳中和管理体系认证，基于ISO管理体系的先进管理思想和管理方法，为组织建立一套相互关联、相互作用的管理体系，确保通过策划（P）—实施（D）—检查（C）—改进（A）的方式，持续改善碳中和绩效，助力企业实现碳中和。

2. 具体措施

（1）CQM方圆依据中国标准化协会发布的《碳中和管理体系 要求》（T/CAS 612-2022）团体标准（见图5-59），通过管理体系标准宣贯、培训辅导，企业了解掌握"双碳"政策、碳盘查、碳中和目标规划和路线图制定、管理体系建立与优化、内审与管理评审等要求和方法，为企业碳中和目标实现和绿色低碳转型培养、储备专业人才，建立企业碳管理专业团队。

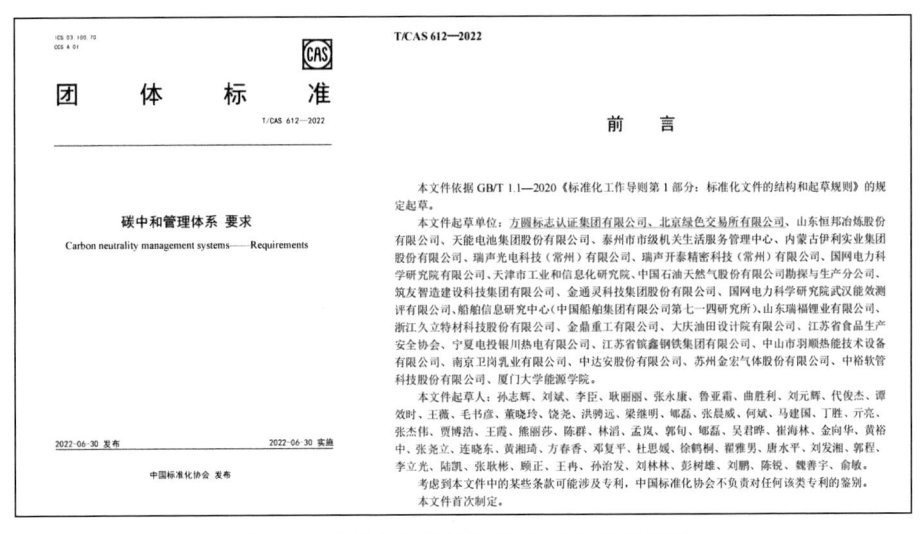

图5-59 《碳中和管理体系 要求》团体标准

（2）指导企业开展温室气体评审，编制温室气体排放清单，建立碳中和绩效，规划碳中和阶段性目标，并制定碳中和行动方案、计划及相关措施，确保目标实现。

（3）指导企业编制完善碳中和管理体系相关制度文件，明确各部门岗位职责，指导体系运行与优化，实现碳中和绩效持续改进，保障体系的有效运行。2023年12月，CQM方圆向蒙牛高科颁发了首批碳中和管理体系认证证书（见图5-60）。通过碳中和管理体系认证，充分证明了企业在碳减排方面的绩效和贡献。

图5-60　碳中和管理体系认证证书

（四）项目实施给客户带来的价值

本项目的实施有效提升了蒙牛高科碳中和管理水平，成功诠释了"标准·认证+"理论和"六化三步"模式在实践中的良好运用，为客户带来良好的经济效益和社会效益。

通过碳中和管理体系建设，有效规范碳排放数据的采集、分析、核算、报告和披露其可信性，提升企业碳数据管理的准确性和完整性，促进政府、行业、金融机构、供应商，以及社会组织等相关方的采信，进一步引导企业全面分析组织面临的碳风险和机遇，并采取行动，助力实现国家"双碳"目标。

通过碳中和管理体系建设，发挥蒙牛集团行业影响力，在生命周期过程中识别碳管理重点，系统策划、有效运行，同时能够带动上下游供应链和产业链共同提升碳管理绩效。

通过碳中和管理体系建设，有助于引导公众从低碳消费的视角共同参与组织的碳管理，关注从消费端促进碳减排，并提升企业自身的品牌形象。

（五）客户反馈评价

CQM方圆积极与蒙牛集团合作，在碳中和管理体系建设过程中提供了专业指导和支持，在认证过程中展现了极高的专业素养和严谨的工作态度，科学规划"双碳"目标和碳中和蓝图，助力蒙牛集团践行低碳承诺，帮助蒙牛集团节能降碳进而科学实现碳中和目标，在绿色低碳的新赛道上实现高质量发展，提升了蒙牛集团的品牌形象和市场竞争力，得到了蒙牛集团的高度认可，期待在未来继续深化合作。

案例六：江苏省动力电池产业链碳足迹标识认证试点项目

（一）客户简介

常州市动力电池产业总体规模居全省首位，已形成"以溧阳金坛为两大核心、其他区域多点支撑"的产业格局。全市动力电池已建产能161.6GWh，在建产能33.0GWh，已建产能居全省首位。2023年，全市动力电池产量达106.3GWh，省内占比约45%，稳居全省首位，国内占比约16%，位居全国前列；动力电池企业完成规模以上产值超1700亿元，实现开票销售超2300亿元。

常州市现拥有动力电池相关企业160余家，汇聚了江苏时代、中航锂电、蜂巢能源、贝特瑞、当升科技等龙头企业，涵盖正/负极材料、隔膜、电芯、模组、BMS（电池管理系统）、电池系统、功能辅件、制造装备、检测认证等关键环节，产业配套完整，涵盖上中下游 31 个关键环节，产业链完整度达 97%，居全国首位。全球动力电池装机量 TOP10 中，有 3 家龙头企业布局常州，常州动力电池产业集聚度之高、产业链之完整为全国之冠。

（二）客户需求

2023 年，《欧盟电池和废电池法规》的发布对有害物质限制、碳足迹、废旧电池管理和再生材料、耐用性和性能等提出了新的要求，直接影响我国动力电池出口与产业发展。常州市作为国内重要的动力电池研发生产基地，面临着碳核算标准不统一、本地数据库缺失、国际竞争加剧等亟须攻克的问题。

（1）碳核算标准不统一。目前各种碳核算标准众多，不利于企业选用，影响了动力电池碳足迹核算。国内的碳足迹体系既未能覆盖动力电池生产全流程，也没有统一明确的系统和核算方法，需建立完善、准确的碳核算标准。

（2）本地数据库缺失。根据欧盟新电池法要求，应优先采用本地数据，国内电池产业生产工艺与国外有一定差别，排放数据差距也较大。如果采用国外数据库，不仅无法追溯和验证数据来源，也无法表征我国电池产业生产技术现状，使国内产品在国际竞争中处于不利地位。

（3）国际竞争加剧，电池出口难度增加。在碳排放数据认证国内和欧盟还没有互认标准的前提下，多重认证增加了产品进入市场的难度，并且增加了企业生产成本。

（三）CQM 方圆一体化实施方案

1. 方案设计

基于动力电池产业的迫切需求，以"标准·认证＋"理论为指导，系统融合"六化三步"模式，针对常州市动力电池碳足迹核算所面临的问题，进行一体化方案设计，探索推进江苏省动力电池产业链碳足迹标识认证试点制度体系建设的工作路径，推动动力电池产业链碳减排，助力"双碳"目标实现。

通过对动力电池产业链进行调研，了解产业链希望达到的目标及企业的核心问题等，围绕《欧盟电池和废电池法规》的要求，结合产业链企业的实际需求，在兼顾产业特性和国际需求的条件下，对标《欧盟电池和废电池法规》，研究制定可行的碳足迹核算标准，统一动力电池产业链碳足迹标识认证的依据，解决"怎么算""准不准""别吃亏""可持续"的问题，通过标准助推动力电池产业绿色化发展。

通过标准制定与产业链企业建立了可信连接，将相关方构成共同体，通过制定满足《欧盟电池和废电池法规》的面向动力电池市场应用的标准体系，实现动力电池产业链碳足迹核算达到国际认可水平。通过碳足迹标识创新认证的试点，打造"碳足迹核查＋直接涉碳认证"的组合型认证体系，创新服务供给。通过制定国际化标准策略及专业化的核算，以创新认证为纽带，深化与国际机构的互认与合作，推动产业链碳足迹认证专业化、高端化、国际化发展。依托江苏省"双碳"服务平台，以数字化的形式拓展CQM方圆品牌推广的辐射范围，实现数字认证与传统认证的融合创新。通过标准先行、资源整合、数智赋能等方式，带动产业链、供应链、价值链深度融合提升。

同时，结合动力电池产品特性，开展专业化品牌宣传活动，确保CQM方圆的高品质能够被企业、政府等各方清晰感知、可触达，实现优秀的品质可溯源、可监管、可信任，借助CQM方圆品牌的联动效应，更好地实现价值转化。

2. 具体措施

（1）对江苏省动力电池产业链企业开展线上调研，通过问卷与现场调研的方式，了解产业链企业碳足迹开展、核算依据、结果应用、应对电池法规的需求、面临困难等问题，并对欧盟产品环境足迹（PEF）方法进行研究和分析，掌握其核查要求和方法，完成动力电池产业碳足迹工作分析报告和调研分析报告。

（2）在调研的基础上构建江苏省动力电池碳足迹标准体系框架，增加碳足迹标准的市场供给。基于生命周期理论，结合动力电池产业调研，确定相关数据的可获得性，并对江苏省及我国电池回收工艺实际情况进行调研，编制一套符合江苏省和我国实际情况的动力电池碳足迹核算标准。并明确核算边界、功能单位、数据质量、核算方法等各个环节的具体参数，制定碳足迹核算模型，发布《碳足迹量化方法 车用锂离子电池》团体标准（见图5-61）。该标准是国内首个车用锂离子电池的碳足迹量化方法团体标准。通过建立"动力电池碳足迹标准+直接涉碳认证"体系，统一产业链碳核算体系，根据国家市场监管总局直接涉碳类认证规则备案要求，完成认证规则编制和备案，为开展创新认证奠定基础。

图 5-61 《碳足迹量化方法 车用锂离子电池》团体标准发布会

（3）联合当地市场监管部门开展碳足迹核查与认证相关知识培训，开展宣贯指导，加强CQM方圆和动力电池产业链企业的合作黏性，提高企业对CQM方圆品牌的信任度，将绿色低碳可持续的理念传达给相关方，从而扩大企业品牌的影响力，促进品牌价值的实现。

（4）开展碳足迹核查，获取产业链碳足迹相关数据。至少选择1家链主企业、5家供应链企业开展碳足迹标识创新认证试点，聚焦企业排放高点，发现降碳机会。参加省局进园区、进企业等公益性服务，选择两家动力电池产业链企业指导开展欧盟碳信息数据的填报和披露，各出具1份产品碳足迹核查报告。

（5）提供核查、认证相关数据，协助搭建基础数据集，推动产业链碳足迹数据产业化、商业化和市场化。依托数字化平台建设助力动力电池产业链绿色低碳技术创新，提升动力电池产业链绿色低碳管理水平。利用数字化技术构建产业链图谱，实现物料溯源，优化企业碳排放管理模式，聚焦碳排放高点，提升排放绩效，助力"双碳"实现。同时，依托江苏省双碳服务平台，结合动力电池特点，对动力电池进行推广，开展专业化品牌宣传活动。

（6）寻求国际互认，主动与欧洲机构接洽，加强与国际认证机构的协调，争取达成机构互认，确保出口产品满足碳标签识别要求，推动服务贸易便利化，从而推动中国动力电池产业链更好地走向国际化。

（四）项目实施给客户带来的价值

本项目成功诠释了"标准·认证+"理论和"六化三步"模式在实践中的良好运用，为客户带来良好的经济效益和社会效益。

在项目实施过程中，以标准先行，通过生命周期建模与模型迭代方法逐步加强标准化建设，构建碳足迹标准化体系，开展直接涉碳类认证，并与国际认证机构达成互认，开展碳足迹标识，对动力电池企业碳排放进行核算，对其碳足迹达标进行证明，确保出口的动力电池满足碳标签识别要求，作为出口欧盟的重要依据。

CQM方圆联合当地市场监管局开展碳足迹核查与认证相关知识培训，并依托江苏省双碳服务平台，拓展品牌推广范围，结合动力电池产品特点，进行专业化的品牌宣传活动，将动力电池的高品质、碳足迹精准触达给消费者及出口国家，提高动力电池产业国际竞争力。

通过 CQM 方圆的专业化服务，实现了强企、强链、强县。强企方面，加强数据质量与数据安全的管控，帮助企业有效降碳，通过创新认证助力企业走出去，实现"绿色出海"；强链方面，基于产业链图谱，核算各环节碳排放水平，实施节能脱碳措施，实现产业链协同降碳脱碳；强县方面，应用认证应对欧盟电池法案，助力区域贸易便利化，利用生命周期分析产业碳排放水平，提升产业国际竞争力，促进产业链绿色低碳转型，为国际认可和产业对话提供实践案例。

（五）客户反馈评价

动力电池产业链碳足迹标识认证是江苏省产品碳足迹管理体系建设和 2024 年省级质量认证创新试点示范项目之一。CQM 方圆作为该项目的申报实施单位，切实贯彻江苏省市场监管局工作要求，积极推进项目实施，编制了《碳足迹量化方法 车用锂离子电池》团体标准、《产品生命周期碳排放管理要求》、《车用锂离子电池产品碳足迹认证实施规则》等成果文件，工作成效与工作质量获得江苏省发展改革委，江苏省市场监管局及动力电池企业的高度认可。

CQM 方圆积极与产业链链主企业合作，探索碳足迹管理体系的具体内容，提出的建议及减碳措施均被企业采纳。另外，对"双碳"认证、绿色工厂建设、动力电池梯次利用产品认证等内容开展了即时现场答疑，并展开了热烈讨论。CQM 方圆积极为认证创新发展提供了可靠的技术支撑，助力地方"强企、强链、强县"绿色发展。